SO GEHT KREUZFAHRT!

Inspirationen und praktische Tipps für alle,
die gerne an Bord gehen

INHALT

INSPIRATION

WÄHLE DEINE REISE

LEINEN LOS

KREUZFAHRT – WARUM?

Wer seinen Freunden erzählt, er werde demnächst auf Kreuzfahrt gehen, wird garantiert gemischte Reaktionen erhalten. Während die einen vielleicht neidvoll staunen, werden andere fassungslos den Kopf schütteln. Keine andere Art des Reisens spaltet die Gemüter dermaßen wie die Kreuzfahrt – dabei hat sie allen etwas zu bieten. Die Reiseziele sind heute vielfältiger denn je, Verpflegung und Unterhaltung an Bord lassen keine Wünsche mehr offen, und die Reisenden werden im Durchschnitt immer jünger. Und dennoch hat die Kreuzfahrt bei vielen ein verstaubtes Image.

„So geht Kreuzfahrt!" möchte das ändern. Wir stellen verschiedene Kreuzfahrten von der Kompletterholung bis zum 24-Stunden-Programm vor, um aufzuzeigen, dass sie heutzutage so unterschiedlich sind wie die Orte, an die sie uns führen, und die Reiselustigen, die sie anlocken. Wer diese Art zu reisen, die jährlich von mehr als 27 Millionen Passagieren gewählt wird, pauschal abtut, lässt sich ein unvergessliches Erlebnis entgehen.

Könnte also eine Kreuzfahrt auch für dich das Richtige sein? Und wenn ja – was für eine? Suchst du eine Auszeit vom Alltag und möchtest dich rund um die Uhr bedienen lassen? Auf einem luxuriösen All-inclusive-Schiff liest dir die Crew jeden Wunsch von den Augen ab. Wünschst du zum Frühstück Dim Sum oder Pancakes? Tacos oder Sushi zum Mittagessen? Beim Verpflegungs- und Aktivitätenangebot sind Kreuzfahrten den Resorts an Land häufig weit überlegen. Nach dem Abendessen hast du die Qual der Wahl zwischen einer Broadway-Show oder einer Runde Eislaufen. Ist dir mehr nach Ruhe, entspannst du dich am Pool und lässt deine Sorgen in der Sonne dahinschmelzen.

Und wenn dir schon die Vorstellung vom Entspannen am Pool Schauer der Langeweile über den Rücken jagt? Kein Problem, per Schiff kannst du Landschaften und Kulturen bereisen, die mit Flugzeug und Auto nicht zu erreichen sind – abgelegene Ziele in unberührter Natur wie die Fjorde Norwegens oder die Flüsse Südostasiens.

Du musst dich auch nicht auf ein Programm beschränken. Du kannst bei einem Urlaub in eine fremde Kultur eintauchen und beim nächsten komplett abschalten. Selbst auf ein und derselben Reise sind Kombinationen möglich. Du möchtest tagsüber stundenlang alte Kulturen entdecken oder durch Kunstgalerien schlendern und dich am Abend nur ein paar Schritte von deinem Bett entfernt bei einem All-inclusive-Essen verwöhnen lassen? Eine Kreuzfahrt kann dir all das bieten!

SO GEHT KREUZFAHRT!

KURZE GESCHICHTE DER SEEFAHRT

Die Seefahrt ist eine der ältesten Arten der Fortbewegung überhaupt. Auf der Insel Kreta wurden Steinwerkzeuge gefunden, die mindestens 130 000 Jahre alt sind. Bereits die steinzeitlichen Vorfahren des Homo sapiens müssen also irgendwie über das Meer gefahren sein. So richtig los ging es um 4000 v. Chr., als die Griechen, Ägypter und Chinesen mit der Seefahrt begannen. Ebenfalls um diese Zeit ließen sich die Polynesier in entlegenen Winkeln des Südpazifiks nieder.

Bis 600 v. Chr. hatten sich die Phönizier zu wahren Meistern der Schifffahrt entwickelt. Sie gründeten Kolonien überall entlang des Mittelmeers und erkundeten die Gewässer um England, das Rote Meer und den Indischen Ozean. Während in Europa mit dem Niedergang des Römischen Reichs ein dunkles Zeitalter anbrach, erschlossen die Wikinger neue Kontinente. Die Nordmänner fuhren über Island hinaus nach Grönland und schließlich um etwa 1000 n. Chr. bis nach Neufundland in Kanada – fast 500 Jahre bevor

Giovanni Caboto Nordamerika erreichte.

Die Erkundung neu entdeckter Kontinente und der Ausbau von Handelsrouten verwandelten die europäischen Königreiche in Kolonialmächte. Noch vor Ende des 15. Jahrhunderts entsandten Portugal und Spanien Schiffe, um die Küsten Afrikas, Asiens und Amerikas zu vermessen. England und Frankreich zogen bald nach, sodass gegen Ende des 18. Jahrhunderts große Teile der Welt erobert und vereinnahmt worden waren. Die Folgen dieses Kolonialismus prägen bis heute die Welt um uns herum.

Als nach der Industriellen Revolution in der ersten Hälfte des 19. Jahrhunderts das Reisen für eine neu entstandene Mittelschicht erschwinglich wurde, wurden Urlaubsreisen zu Schiff immer beliebter. Die britische Reederei Peninsular & Oriental Steam Navigation Company (auch bekannt als P&O) kombinierte das Frachtgeschäft auf dem Mittelmeer mit der Passa-

gierschifffahrt. Bald boten immer
mehr Schiffe transatlantische
Reisen nach Nordamerika an. Ab
Anfang des 20. Jahrhunderts war
es möglich, den Ozean mit allem
Komfort zu überqueren – die un-
selige *Titanic* ist das berühmteste
Beispiel für die Opulenz früher
Kreuzfahrten. Später machte
Agatha Christie einen Kreuz-
fahrtdampfer in Ägypten zum
Schauplatz ihres Romans *Tod auf
dem Nil.*

In den Sechzigern erlebte die
Kreuzfahrtbranche jedoch einen
drastischen Einbruch, als der
Flugverkehr zu boomen begann.
Erst in den Achtzigern machte die
Fernsehsendung *Das Traumschiff*
die Ozeanreise als romantische
Reiseform für Verliebte wieder po-
pulär. Jetzt entstand eine moder-
ne Flotte mit allen erdenklichen
Annehmlichkeiten, und aus den
Schiffen wurden schwimmende
Städte, wie sie David Foster Wal-
lace in seinem Essay *Schrecklich
amüsant – aber in Zukunft ohne
mich* beschrieben hat.

Das spießige Kreuzfahrtabenteuer
teuer hat sich einer gründlichen
Erneuerung unterzogen – und
doch bewegt sich jedes Schiff auf
den Spuren einer jahrtausende-
alten Seefahrttradition.

10 LITERARISCHE WERKE, DIE AUF HOHER SEE SPIELEN

Odyssee von Homer
Der Sturm von William Shakespeare
Meuterei auf der Bounty von Charles Nordhoff und James N. Hall
Wir Ertrunkenen von Carsten Jensen
Im Herzen der See von Nathaniel Philbrick
Der alte Mann und das Meer von Ernest Hemingway
Moby-Dick von Herman Melville
Zwanzigtausend Meilen unter dem Meer von Jules Verne
Die Schatzinsel von Robert Louis Stevenson
Schiffbruch mit Tiger von Yann Martel

5 BEDEUTENDE ENTDECKER, DIE MAN KENNEN MUSS

1. Gudridur Thorbjarnardottir

Die isländische Ent-
deckerin Gudridur
brachte um das Jahr
1000 das erste Kind
europäischer Abstam-
mung in Amerika zur
Welt. Nach der Rück-
kehr in ihre Heimat
pilgerte sie zum Papst
nach Rom.

2. Vasco da Gama

Der portugiesische
Entdecker Vasco
da Gama hat auf
einer Reise von 1497
bis 1499 als erster
europäischer Seefahrer
einen Seeweg nach
Indien gefunden.

Vasco da Gama

3. Ferdinand Magellan

Der portugiesische
Entdeckungsreisende
Magellan überquerte
im Namen der spani-
schen Krone als erster
Europäer den Pazifik.

4. Abel Tasman

Der niederländische
Seefahrer Tasman
reiste im Auftrag
der florierenden

Niederländischen
Ostindien-Kompanie,
legte 1642 als erster
Europäer im heutigen
Tasmanien an (das
nach ihm benannt ist,
aber zuerst den Namen
Van-Diemens-Land
trug) und entdeckte
schließlich Neuseeland.

5. James Cook

Auf seinen drei Reisen
erkundete der Englän-
der Cook einen Groß-
teil des Südpazifiks.
Von 1768 bis zu seinem
Tod in Hawaii karto-
grafierte er Neuseeland
und segelte als erster
Europäer entlang der
Ostküste Australiens.

SO GEHT KREUZFAHRT!

UNCOOL UND SPIESSIG? VON WEGEN!

Obwohl sich die Kreuzfahrtindustrie in den letzten Jahren grundlegend erneuert hat, hält sich so manches Vorurteil hartnäckig. Falls du schon mal eine der folgenden Meinungen geäußert hast, wird es Zeit für einen Realitätsabgleich.

„AUF EINER KREUZFAHRT LÄSST SICH DIE SEELE EINES ORTES NICHT ERKUNDEN."

Klar, dass man auf einer einwöchigen Tour, die täglich an einem anderen Hafen Halt macht, nicht allzu tief in eine Kultur eintauchen wird – aber darum geht es auch gar nicht. Solche Kreuzfahrten sollen Spaß machen, ob man sich an einem Privatstrand in der tropischen Sonne aalt oder bis in die Puppen wachbleibt, um Musicals, Comedy-Shows, Club-DJs und Bands zu genießen. Andererseits gibt es auch Kreuzfahrten mit kleineren Schiffen, die authentischere Erlebnisse bieten. Sie richten sich an Reisende, die sich auf eine Region und Kultur einlassen und sie besser kennenlernen möchten.

„KREUZFAHRTEN ZIEHEN EINEN GANZ BESTIMMTEN MENSCHENSCHLAG AN – ICH GEHÖRE NICHT DAZU."

Jede Kreuzfahrt zieht unterschiedliche Menschen aus der ganzen Welt an. Bei der Vielzahl an maßgeschneiderten Angeboten muss sich niemand mit einer 08/15-Kreuzfahrt zufriedengeben. Abenteuerlustige können etwa auf Forschungs-, Expeditions- oder sogar Frachtschiffen mitfahren und so einige der entlegensten Orte der Erde bereisen. Für jüngere Passagiere, die sich eine geselligere Fahrt wünschen und neue Kontakte knüpfen möchten, bieten immer mehr Kreuzfahrtunternehmen Millenial-Touren an. Vielleicht möchtest du dir auch am liebsten dein eigenes Abenteuer zusammenstellen? Chartere selbst ein Boot, und die Welt gehört dir.

„KREUZFAHRTEN SIND TEUER."

Der Niedrigpreis der All-inclusive-Fahrt klingt zu gut, um wahr zu sein? Es gibt im Internet zahlreiche Kreuzfahrt-Foren, wo du vor einer Buchung überprüfen kannst, was im Paketpreis tatsächlich enthalten ist und was nicht. Sind Reise, Unterkunft und Vollpension abgedeckt, ist eine Kreuzfahrt oft deutlich preiswerter als eine Reise über Land – ganz besonders, wenn man außerhalb der Saison bucht und an Bord bestimmte Extras wie alkoholische Getränke meidet. Der Wettbewerb zwischen den Unternehmen garantiert meist ein exzellentes Preis-Leistungs-Verhältnis. Die Reedereien wollen dich schließlich unbedingt als Stammkunden gewinnen und werden dich für deine Loyalität mit guten Angeboten belohnen.

„AUF KREUZFAHRTEN GIBT ES IMMER NUR DAS GLEICHE, LANGWEILIGE ESSEN."

Beim gastronomischen Angebot hat die Kreuzfahrtindustrie stark aufgeholt. Die größeren Schiffe verfügen oft über eine Vielzahl an Restaurants, während kleinere Flussfahrten Kochkurse oder Ausflüge zu lokalen Märkten anbieten. Gerade auf den kleinen Schiffen kannst du die Feinheiten der regionalen Küche entdecken.

© DAVID MERRON / VIKING

SCHIFFSKATEGORIEN

Das riesige Angebot an Kreuzfahrten kann sehr verwirrend sein. Hier ein kleiner Überblick.

MEGASCHIFFE

Megaschiffe sind schwimmende Städte, die keine Unterhaltungswünsche offenlassen. Das Angebot an Bord steht im Vordergrund. Die Konkurrenz in dieser Kategorie ist groß, und es werden ständig noch modernere und noch größere Schiffe getauft. Eine Auswahl an Anbietern:

Royal Caribbean International
(www.royalcaribbean.de)
Norwegian Cruise Line
(www.ncl.de)
MSC Kreuzfahrten
(www.msc-kreuzfahrten.de)
Princess Cruises
(www.princess.com)
AIDA Cruises
(www.aida.de)
Celebrity Cruises
(www.celebritycruises.de)
Holland America Line
(www.hollandamerica.de)
TUI Cruises
(www.tuicruises.com)

LUXUSSCHIFFE

Luxusschiffe bieten erstklassigen Service, opulente Ausstattung und Exklusivität. Das Angebot reicht von kleinen Segelschiffen bis zu riesigen schwimmenden 5-Sterne-Hotels mit großzügig ausgestatteten Suiten und zahlreichen Annehmlichkeiten. Eine Auswahl an Anbietern:

Crystal Cruises
(www.crystalcruises.com)
Seabourn Cruise Line
(www.seabourn.com)
Silversea Cruises
(www.silversea.com)
Regent Seven Seas Cruises
(www.rssc.com)
Oceania Cruises
(de.oceaniacruises.com)
Cunard Line
(www.cunard.de)
Compagnie du Ponant
(de.ponant.com)
Windstar Cruises
(www.windstarcruises.com)

SO GEHT KREUZFAHRT!

EXPEDITIONSSCHIFFE

Abenteurer, die Lust haben auf eine spannende Entdeckungs-reise mit Exkursionen an Land und Forschungsvorträgen von Experten an Bord, kommen auf Expeditionsschiffen voll auf ihre Kosten. So erkundet man stilecht einige der entlegensten Regionen unseres Planeten.

Eine Auswahl an Anbietern:

Hurtigruten
(www.hurtigruten.de)
Hapag-Lloyd Kreuzfahrten
(www.hl-cruises.de)
Oceanwide Expeditions
(www.oceanwide-expeditions.com)
Lernidee Erlebnisreisen
(www.lernidee.de)
Lindblad Expeditions
(www.expeditions.com)
Peregrine Adventures
(www.peregrineadventures.com)
Aranui Cruises
(www.aranui.com)

FLUSSSCHIFFE

Die Flüsse der Welt sind seit je-her Verbindungsadern zwischen Menschen. Auf einer Flusskreuz-fahrt erlebst du den Reichtum der Kulturen an Land, ohne auf die Annehmlichkeiten an Bord verzichten zu müssen. Fluss-reisen sind längst nicht mehr nur auf Europa beschränkt, sondern umfassen heute Flüsse auf der ganzen Welt.

Eine Auswahl an Anbietern:

Im Uhrzeigersinn von links: Restaurant auf einem Flussschiff von U by Uniworld; Infinity Pool auf einem Viking-Schiff; Silversea-Kreuzfahrt-schiff; Lounge auf der *Viking Sea*

A-Rosa Flussschiff
(www.a-rosa.de)
Nicko Cruises
(www.nicko-cruises.de)
Phoenix Reisen
(www.phoenixreisen.com)
Viking River Cruises
(www.vikingrivercruises.co.uk)
Uniworld Boutique River Cruise Collection
(www.uniworld.com)
CroisiEurope
(www.meinfluss.de)
Pandaw River Cruises
(www.pandaw.com)
Aqua Expeditions
(www.aquaexpeditions.com)
American Cruise Lines
(www.americancruiselines.com)

CHARTERSCHIFFE

Eine Schiffsreise mit anderen Passagieren ist nicht nach jeder-manns Geschmack – warum also nicht selbst ein Boot chartern und auf einem Fluss oder von Bucht zu Bucht tuckern? Charter-schiffe gibt es für jedes Budget und jede Erfahrungsstufe, ob mit oder ohne Crew.

Eine Auswahl an Anbietern:

The Moorings
(www.moorings.de)
The Yacht Week
(www.theyachtweek.com)
Sailo
(www.sailo.com)
Happycharter
(www.happycharter.com)

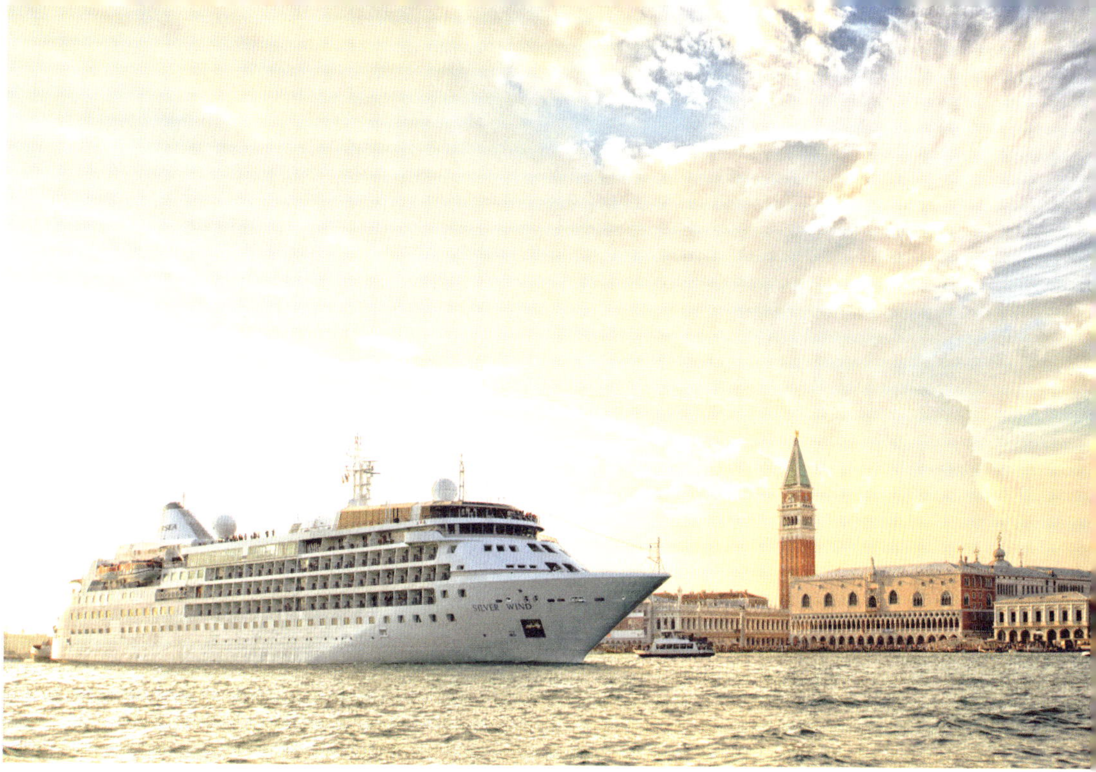

KREUZFAHRT IN ZAHLEN

- Dem Kreuzfahrt-Weltverband CLIA gehören über 50 Reedereien an.
- 2018 haben über 27 Mio. Menschen eine Kreuzfahrt gebucht.
- Karibik Kreuzfahrten machen mit 35 % den größten Marktanteil aus.
- Etwa die Hälfte der Kreuzfahrtpassagiere weltweit sind US-Amerikaner.
- An zweiter Stelle stehen die Chinesen (2 Mio.), gefolgt von Deutschen und Briten.
- Die Kreuzfahrtindustrie beschäftigt über 1,1 Millionen Menschen.

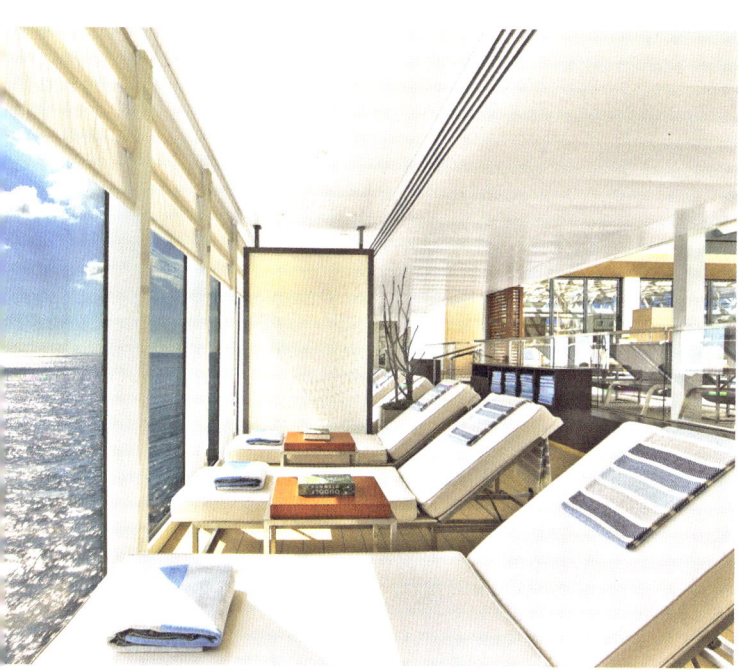

NACHHALTIGKEIT

Weil die Vermüllung der Weltmeere stetig zunimmt und Korallenriffe von Bleichen bedroht sind, wollen immer mehr Reisende wissen, ob ihr Urlaub den Ozeanen schadet. Die meisten Kreuzfahrtgesellschaften sind sich der Tatsache bewusst, dass die Meere, auf denen sie sich bewegen, in Gefahr sind. Inzwischen versucht die Kreuzfahrtindustrie, Abfälle an Bord zu recyclen oder zu vermeiden, und immer mehr Anbieter haben auch Plastikstrohhalme von ihren Schiffen verbannt. Auf einigen Gewässern, so zum Beispiel auf der Ost- und Nordsee oder vor den amerikanischen Küsten, müssen Kreuzfahrtschiffe Abgasreinigungsanlagen, sogenannte Scrubber, installiert haben. Auch das verschmutzte Bilge- und Abwasser wird immer öfter aufbereitet.

Am umweltverträglichsten reist man mit Windkraft statt mit Dieselmotoren. Denn abgesehen von der Umweltverschmutzung stellt auch die Lärmbelastung durch große Schiffe ein massives Umweltproblem dar. Sie stört die Echoortung von Meerestieren

<h1>SO REDUZIERST DU DEN ÖKOLOGISCHEN FUSSABDRUCK</h1>

Bringe deine eigene Wasser-flasche mit. Egal, ob du dich auf dem Schiff oder an Land bewegst: Nimm eine leichte, wiederverwendbare Flasche von zu Hause mit.

Vermeide Plastiktüten. Besonders auf Strand-Kreuz-fahrten wirst du nasse Bade-sachen mit dir herumtragen müssen – nimm dafür eine wiederverwendbare Tasche und keine Einwegplastiktüten.

Werde aktiv. Erkundige dich bei deinem Reiseveranstalter, ob du dich während der Schiffsreise freiwillig enga-gieren kannst. Crystal Cruises organisiert zum Beispiel im Rahmen des Programms „You care, we care" Strandaufräum- und Baumpflanzaktionen sowie Tierrettungen.

Wähle einen Hafen in der Nähe. Verzichte wenn möglich auf Flüge zum Start deiner Kreuzfahrt. Wähle einen nahen Hafen, den du mit dem öffentlichen Verkehr erreichen kannst.

Leiste eine Spende. Klima-schutzstiftungen bieten einen Emissionsausgleich an und investieren die Spenden in Projekte für saubere Energien oder gegen Waldzerstörung.

wie Delfinen und Walen, die sich damit im Meer orientieren. Allerdings sind die meisten Groß-schiffe aufgrund der Zeitpläne auf Motoren angewiesen. Die *MS Roald Amundsen* von Hurtigruten, die 2018 vom Stapel lief, ist mit einem modernen Hybridmotor ausgestattet, der hauptsächlich mit Batterie läuft. Die *AIDANova* von AIDA Cruises ist zurzeit das einzige Schiff, das mit Flüssiggas statt Schweröl betrieben wird und somit eines der ökologischsten Schiffe der Welt.

Der Naturschutzbund Deutsch-land e. V. NABU führt jedes Jahr ein Kreuzfahrtranking durch. Du findest auf seiner Homepage eine Liste mit den saubersten (und schmutzigsten) Schiffen und Reedereien.

SO GEHT KREUZFAHRT!

SOLOKREUZFAHRT

Wenn sich Reisetrends verändern, entwickelt sich auch die Kreuzfahrtbranche weiter – eine gute Nachricht für die wachsende Zahl von Soloreisenden. Während noch vor zehn Jahren kaum eine Kreuzfahrt auf die Bedürfnisse von Alleinreisenden ausgerichtet war, sind heute viele neue Schiffe mit einer kleinen Anzahl von (oft innen liegenden) Studiokabinen speziell für Solopassagiere ausgestattet – zum Beispiel bei Norwegian Cruise Line, Costa, Royal Caribbean International, Cunard Line, Holland America oder P&O. Endlich, mussten doch Reisende, die eine Kabine nur für sich selbst buchten, jahrelang einen Einzelzuschlag und somit oft zwischen 125 % und 175 % des Normalpreises bezahlen.

Vergleiche sorgfältig die Preise, da die Anbieter den Umgang mit Alleinreisenden unterschiedlich regeln und verschieden hohe Zuschläge erheben. Manche Unternehmen spielen Kontaktbörse und machen Alleinreisende zu Zimmergenossen, während andere Gruppenreisen speziell für Singles anbieten. Wenn du eine Soloreise auf einem Megaschiff planst, informiere dich in Kreuzfahrt-Foren im Internet. Vielleicht findest du andere Alleinreisende, die dieselbe Kreuzfahrt gebucht haben.

Kontaktfreudige werden leicht Bekanntschaften schließen, besonders auf Fahrten, die um gemeinsame Interessen herum gestaltet werden und zum Beispiel Tauchkurse oder Weinproben anbieten. Auf großen Kreuzfahrten lohnt es sich, im Programm nach Veranstaltungen für Soloreisende zu suchen, auf denen man sich kennenlernen und für Aktivitäten zusammenschließen kann.

© IDREAMPHOTO / SHUTTERSTOCK

Im Uhrzeigersinn von oben:
Urlaubslektüre an Bord;
Schnorcheln auf Hawaii; Son-
nenuntergang in der Ägäis

SO GEHT KREUZFAHRT!

BARRIEREFREIHEIT

Für Passagiere mit eingeschränkter Mobilität bietet eine Kreuzfahrt gegenüber Reisen an Land einige Vorteile. Zwar ist eine Schiffskabine meist kleiner als ein Hotelzimmer, dafür kann man aber verschiedene Orte bereisen, ohne mehrmals das Zimmer wechseln zu müssen. Außerdem stehen die Crew-Mitglieder Passagieren mit Beeinträchtigungen bei Bedarf jederzeit zur Seite und sind zum Teil speziell dafür geschult, in Notfällen zu assistieren.

Auch für Menschen mit Hörbehinderungen gibt es Unterstützung. So werden etwa Filme im Bordkino untertitelt oder Dolmetscher für Gebärdensprache stehen bereit. Für sehbehinderte Passagiere sind Schilder mit Braille-Beschriftungen versehen, und es werden auch personalisierte Hilfen zur Orientierung auf dem Schiff angeboten. Einige große Reedereien organisieren sogar mindestens einmal im Jahr Kreuzfahrten für seh- und/oder hörbehinderte Reisende.

Allerdings gibt es große Unterschiede zwischen verschiedenen Anbietern und Zielhäfen. Es ist deshalb wichtig, dass du vor deiner Kreuzfahrt sorgfältig recherchierst. Reedereien listen auf ihren Homepages für jedes ihrer Schiffe die für die Barrierefreiheit relevanten Merkmale und Zugangsbeschränkungen auf und bieten häufig eine Hotline an. Du kannst dir auch von einem der 15 000 vom CLIA autorisierten Reiseveranstalter helfen lassen, um alle Informationen über das Schiff deiner Wahl zu bekommen und den besten Anbieter für deine Bedürfnisse zu finden.

Ebenso wichtig sind detaillierte Informationen über die Zielhäfen, etwa ob die Passagiere mit Tenderbooten an Land gebracht werden. An großen Kreuzfahrthäfen können normalerweise Schiffe aller Größen direkt anlegen, aber an kleineren Häfen müssen sie manchmal in einiger Entfernung vom Ufer ankern. Für Passagiere mit Mobilitätseinschränkungen bedeutet das oft ein großes Hin-

dernis, da nicht alle Tenderboote mit Rollstühlen genutzt werden können. Prüfe deine Reiseroute deshalb genau und meide wenn möglich Häfen mit Tenderzugang – es sei denn, es werden explizit spezielle Aufzüge erwähnt, die Rollstühle vom Schiff auf das Tenderboot verfrachten können, wie es zum Beispiel bei Holland America der Fall ist. Bedenke auch, dass kleinere Schiffe Häfen erreichen können, die für Megaschiffe unzugänglich sind.

Die Kreuzfahrthäfen stellen Rollstühle zum Besteigen und Verlassen des Schiffs bereit, doch an Bord wird meistens erwartet, dass Passagiere ihre eigenen Rollstühle und Gehhilfen mitbringen. Begleittiere wie etwa Blindenführhunde sind auf den meisten großen Kreuzfahrtschiffen erlaubt, ansonsten ist die Mitnahme von Tieren jedoch strikt verboten.

Grundsätzlich gilt: Wer im Vorfeld sorgfältig recherchiert, kann sich auf eine stressfreie und den eigenen Bedürfnissen angepasste Reise freuen.

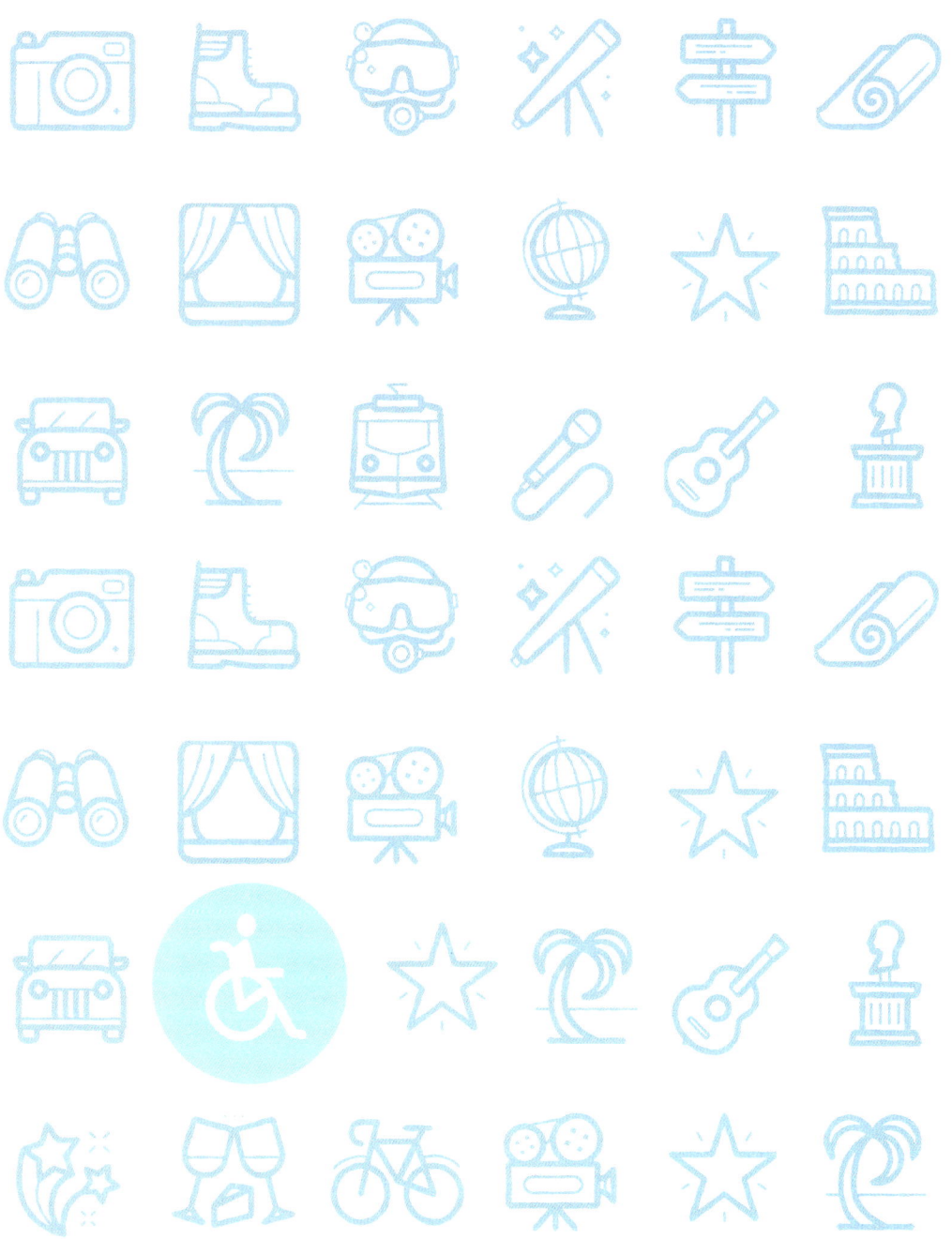

23

THEMENKREUZFAHRTEN

Gleich und gleich gesellt sich gern! Auf Themenkreuzfahrten oder Fanreisen können Enthusiasten aller Art auf hoher See zusammenkommen und ungestört ihrem Hobby nachgehen. Zwar sind die Preise für solche Fahrten in der Regel etwas höher, doch die Bonusaktivitäten und zusätzlichen Angebote machen den Preisunterschied mehr als wett. Themenkreuzfahrten werden auf einem von einer unabhängigen Organisation gecharterten Schiff oder in Kooperation mit einem Kreuzfahrtanbieter durchgeführt. Manche finden ganz an Bord, manche auch teilweise an Land statt.

Die Vielfalt an Themenkreuzfahrten ist so groß wie die ihrer Zielgruppen. Hast du Lust auf eine Nudistenkreuzfahrt? Willst du auf einem Tennisschiff die ganze Zeit in Weiß herumlaufen? Willst du bei einer LGBTQ-Kreuzfahrt unter der Regenbogenflagge segeln? Egal ob Kreuzworträtsel- oder Broadway-Fan, für alle Aktivitäten und Interessen findest du die passende Kreuzfahrt.

GESUNDHEIT & WELLNESS

W er an den Alltag auf einem Kreuzfahrtschiff denkt, hat vielleicht als Erstes Bilder von Menschen vor Augen, die am Pool liegen und tellerweise Kokos-Garnelen verdrücken. Dabei kann eine Kreuzfahrt ein fantastischer Anlass sein, deine Ernährungsgewohnheiten zu ändern oder ein neues Fitnessprogramm in Angriff zu nehmen. In den letzten Jahren ist die Anzahl spezieller Wellnesskreuzfahrten in die Höhe geschnellt.

Heute kannst du Reisen buchen, die Yogaworkshops, vegane Küche, Marathontraining oder Weight Watchers im Programm haben. Manche sind auf Achtsamkeit oder die Behandlung von Schlaflosigkeit spezialisiert. Aber auch die regulären Kreuzfahrten haben ihr Wellness-Angebot aufgestockt. Moderne Spa-Räumlichkeiten und Fitnessstudios sind heute so normal wie Spielautomaten und Speisesäle.

Einmal um die Welt

Es dauert zwar länger als 80 Tage, aber mit mehreren großen Kreuzfahrtgesellschaften kannst du den Globus umrunden. Aida hat zum Beispiel eine Weltreise ab Hamburg im Programm, die 117 Tage dauert, während Cunard eine luxuriöse Weltentdeckerreise ab Southampton in 100 Tagen anbietet.

(Siehe auch Seiten 80–85)

HOCHZEITEN

Wer den „Hafen der Ehe" wörtlich nimmt, für den ist eine Hochzeit auf hoher See das Richtige – so verbindet man die Zeremonie gleich mit den Flitterwochen. Viele Unternehmen bieten ein Komplettpaket für Hochzeitswillige an – ob mit oder ohne Familie. Wichtig ist eine frühzeitige Planung. Der Anbieter oder der Hochzeitsplaner an Bord berät dich in allen wichtigen Fragen: Land- oder Bord-Trauung, Wahl des Festsaals, Organisation des Empfangs und rechtliche Bedingungen am Zielort.

ESSEN AN BORD

Allesesser kommen auf Kreuzfahrten natürlich auf ihre Kosten, aber was, wenn man vegan oder glutenfrei lebt oder sonstige Ernährungseinschränkungen hat? Das Bewusstsein für Nahrungsmittelallergien und -unverträglichkeiten sowie für religiöse und ethische Ernährungsentscheidungen ist gewachsen, und auf Kreuzfahrten gibt es immer mehr maßgeschneiderte Verpflegungsangebote. Spezielle Gerichte für Passagiere mit Glutenunverträglichkeit sind mittlerweile weit verbreitet, und Allergene werden auf den Speisekarten ausgewiesen.

Informiere den Anbieter im Voraus über Ernährungsbedarf und

-einschränkungen und erkundige dich, wie der Kreuzkontamination von Lebensmitteln entgegengewirkt wird. Die Crew kann deine speziellen Anforderungen dann während der Reise berücksichtigen. Leider sind Schiffe in der Regel nicht nussfrei. Wenn du oder einer deiner Mitreisenden eine Nussallergie oder andere Unverträglichkeiten hat, bringst du also sicherheitshalber besser einen Adrenalin-Autoinjektor (z. B. EpiPen) mit.

Du hast grundsätzlich zwei Möglichkeiten: Buche entweder eine Kreuzfahrt auf einem Megaschiff mit einer großen Vielfalt an Restaurants für alle kulinarischen Bedürfnisse oder entscheide dich für ein kleineres Schiff, auf dem leichter auf deine spezifischen Wünsche eingegangen werden kann. Wer eine große Auswahl biologischer Nahrungsmittel sucht, wird es auf den großen

Schiffen aufgrund der schieren Menge an Lebensmitteln, die für eine große Reise benötigt werden, schwerer haben als auf kleineren Luxuslinien. Bei größeren Unternehmen können koschere und Halal-Lebensmittel vorbestellt werden. Wer sich streng koscher ernährt, kann eine koschere Kreuzfahrt bei Kosherica buchen (www.kosherica.com).

Eines gilt jedoch in allen Fällen: Bei Ernährungseinschränkungen jeglicher Art solltest du schon vor der Buchung mit dem Anbieter

Kontakt aufnehmen, um sicherzugehen, dass das Verpflegungsangebot an Bord deinen persönlichen Vorstellungen entspricht. Erkundige dich auch in Kreuzfahrt-Foren im Internet, dort wird ausgiebig über das kulinarische Angebot an Bord diskutiert. Die Crew ist gewöhnlich gut geschult im Umgang mit verschiedenen Ernährungserfordernissen und offen für persönliche Wünsche. Also: Sag, was du brauchst, dann ist es sehr wahrscheinlich, dass du es auch bekommst.

> **ÜBERLEBENSTIPP**
>
> „Probiere die indischen Gerichte auf einem beliebigen Kreuzfahrtschiff – sie werden zu den besten gehören, die du jemals gegessen hast."
>
> Mark Tamis
> Royal Caribbean

VEGETARIER & VEGANER

Vegane und vegetarische Ernährung ist nicht nur eine Vorliebe für gewisse Nahrungsmittel, sondern ein bewusster Lebensstil, und erfreut sich zunehmender Beliebtheit. Auf Luxusschiffen sind mehrgängige vegetarische Menüs heute gang und gäbe. Überhaupt sind Salatgerichte auf den meisten Megaschiffen inzwischen beliebter als Burger – denn ob Vegetarier oder nicht, der gesunde Trend hält an. Veganer, die Vielfalt lieben, sollten sich aber dennoch vorher beim Anbieter über das Nahrungsangebot erkundigen – oder gleich eine vegane Kreuzfahrt buchen.

SO GEHT KREUZFAHRT!

KREUZFAHRTKALENDER

Bei der Planung einer Kreuzfahrt ist die Reisezeit mindestens so entscheidend wie das Ziel. Wir zeigen dir die besten Jahreszeiten für verschiedene Regionen.

JANUAR - MÄRZ

★ Diese Jahreszeit ist ideal für eine Karibik-Kreuzfahrt, solange du die amerikanische Spring-Break-Ferienzeit im März meidest.

★ Nutze die kurze Trockenperiode, um jetzt den Panamakanal zu durchqueren.

★ Entfliehe dem Wintertief und besuche Südamerika in seiner ganzen Sommerpracht. Reise entlang der peruanischen, chilenischen oder argentinischen Küste und betrete den südlichsten Punkt des Kontinents: Kap Hoorn.

★ Die kühlere Witterung in Südostasien im Frühjahr ist ideal für eine Flussfahrt durch Myanmar oder ein paar Nächte auf einer Dschunke in der Halong-Bucht in Vietnam.

★ Meide Französisch-Polynesien während dieser extrem regnerischen Monate.

★ Das Zeitfenster für eine Antarktisreise steht von November bis März offen, bevor das Packeis wieder zufriert.

APRIL - JUNI

★ Erlebe die Kirschblütenzeit in Japan und buche eine Kreuzfahrt für Anfang April (oder Ende März).

★ Die beste Zeit für eine Flusskreuzfahrt durch Europa. In Belgien oder den Niederlanden zum Beispiel erwachen die Blumenfelder zum Leben.

★ Wer die griechischen Inseln vor dem Ansturm der Massen an Land und auf See besuchen will, bucht seine Kreuzfahrt für Mai oder Juni.

★ Der Frühling ist ideal, um die Mittelmeerhäfen Spaniens, Frankreichs und Italiens vor dem Start der Hauptsaison anzusteuern.

★ Alaskas Zwischensaison im Mai und Anfang Juni ist deutlich preiswerter als die Hauptsaison.

JULI - AUGUST

★ Für Sonnenanbeter ist der Sommer die ideale Zeit, um den Antlantik zu überqueren.

★ Skandinavien bietet in diesen Monaten Sonnenschein praktisch rund um die Uhr. Wer allerdings das Polarlicht sehen will, muss sich bis zum Winter gedulden.

★ Im Sommer erwachen die großen Städte an der Ostsee zum Leben. An sonnigen Tagen erinnert das kristallklare Wasser an das Mittelmeer.

★ Aufgrund der Monsunzeit sind Reisen nach Südostasien weniger zu empfehlen.

★ In der Karibik ist ab Mitte August die Hurrikansaison in vollem Gange, doch es gibt manchmal preiswerte Angebote für Schiffsreisen.

SEPTEMBER - OKTOBER

★ Hawaii und Tahiti bieten im Frühherbst herrliches Wetter – und das ohne die Touristenhorden wie im Sommer.

★ Das bunte Herbstlaub des Indian Summer in Kanada und New England ist ein Highlight von Mitte September bis Mitte Oktober.

★ Auch wenn der Herbst nicht mehr die Hauptsaison für Mittelmeer-Kreuzfahrten ist, bleibt das Wetter noch freundlich. Und in der Zwischensaison findest du immer wieder Schnäppchen.

★ Weniger traditionelle Reiseziele, wie zum Beispiel die afrikanische Küste, sind in diesen Monaten eine Option.

NOVEMBER - DEZEMBER

★ Auf Europas Weihnachtsmärkten herrscht feierliche Stimmung, die sich zum Beispiel auf einer Donau-Kreuzfahrt erleben lässt.

★ Das kurze Zeitfenster für Antarktisreisen öffnet sich im November, wenn das Packeis schmilzt.

★ Mit dem wärmeren Wetter starten die Südamerika-Kreuzfahrten.

★ Die Zeit des Polarlichts ist perfekt für Fahrten nach Island, Grönland, die Faröerinseln und andere nördliche Reiseziele.

★ in Australien beginnt zwar am 1. November die Zyklonsaison, aber dies ist trotzdem die beliebteste Zeit für Schiffsreisen, da die meisten Stürme im März zu erwarten sind.

★ Dank kühlerer Temperaturen sind Nil-Kreuzfahrten jetzt angenehm.

SO GEHT KREUZFAHRT!

KOSTEN & BUDGET

Mit unseren Tipps sparst du bares Geld und sicherst dir die besten Angebote. Allgemein gilt: Wo du einen Teil der Reise direkt anstatt über den Anbieter buchen kannst, kommst du günstiger weg.

💲 WIE VIEL GELD BRAUCHE ICH?

Auf den ersten Blick scheint der Pauschalpreis alles abzudecken, doch oft sind der Transit zum Hafen, Getränke an Bord oder Ausflüge nicht mit eingerechnet.

Bevor du also das vermeintliche Schnäppchen buchst, solltest du die neben Kabine und Mahlzeiten anfallenden Kosten genauer unter die Lupe nehmen.

💲 HOTELÜBERNACHTUNGEN

Wenn du nicht riskieren willst, dass du den Start deiner Kreuzfahrt verpasst, solltest du schon am Vortag anreisen und entsprechend die Kosten für eine Übernachtung plus zwei bis drei Mahlzeiten einkalkulieren. Kreuzfahrtanbieter arbeiten zwar oft mit Hotels vor Ort zusammen, doch meist lohnt es sich, selbst zu buchen.

💲 ANREISE

Wer keinen Starthafen in der eigenen Stadt hat, wird erst einmal anreisen müssen. Kläre deshalb ab, ob die Zug- oder Flugpreise im gewünschten Zeitraum erschwinglich sind, bevor du beim Kreuzfahrtschnäppchen zuschlägst. Auch die Transportkosten zum Bahnhof oder Flughafen am Wohnort ebenso wie zum Hafen am Zielort müssen einberechnet werden. Für einen Aufpreis organisiert der Anbieter den Transport vor Ort, aber wer sich selbst um ein Taxi oder eine Mitfahrgelegenheit kümmert oder den öffentlichen Verkehr nutzt, kann sparen. Behalte dabei die Fahrplanzeiten genau im Blick, um das Schiff nicht zu verpassen.

$) ESSEN & TRINKEN

All-inclusive-Verpflegung auf dem Schiff gilt als Markenzeichen von Kreuzfahrten, was aber nicht bedeutet, dass auch wirklich alles inklusive ist. Zum Beispiel sind viele kulinarische Spezialangebote auf Megaschiffen nicht im Basispaket enthalten und müssen à la carte bezahlt werden. Du solltest daher im Voraus entscheiden, ob du für bestimmte Mahlzeiten tiefer in die Tasche greifen willst, um die Zusatzkosten realistisch abzuschätzen. Du willst es dir trotz begrenztem Budget gut gehen lassen? Dann bestimme im Voraus die Anzahl der À-la-carte-Mahlzeiten, für die du Geld ausgeben willst – und halte dich daran. Wer sein Budget kennt und klar festlegt, wie er es ausgeben will, wird weniger Impulsentscheidungen treffen, die sich hinterher als teurer Spaß herausstellen.

Alkoholische Getränke, Softdrinks oder guter Kaffee kosten immer extra und können sich ordentlich summieren, wenn man nicht aufpasst. Auf traditionellen Kreuzfahrtschiffen kann man am ersten Tag an Bord „All-you-can-drink"-Getränkepakete kaufen; manchmal sind sie im Voraus sogar günstiger zu haben. Aber nimm dir ein paar Minuten Zeit, um nachzurechnen, ob sich das Paket für dich wirklich lohnt. Überlege dir, wie viele alkoholische Getränke, Softdrinks und Kaffees du in der letzten Woche konsumiert hast – und geh davon aus, dass im Urlaub noch ein paar dazukommen. Im Urlaub essen und trinken wir im Allgemeinen mehr als im Alltag, wenn du also mit der doppelten Menge rechnest, sollte das etwa hinkommen. Wenn du nicht vorhast, auf einer einwöchigen Reise etwa 35 alkoholische Getränke zu dir zu nehmen, wirst du das Getränkepaket nicht unbedingt brauchen.

$) AUSFLÜGE

Auf Abenteuerkreuzfahrten und Expeditionsschiffen liegt der Schwerpunkt auf den Exkursionen. Zumindest einige sind daher im Preis enthalten. Bei klassischen Karibik- oder Mittelmeer-Kreuzfahrten jedoch kosten Aktivitäten an Land extra. Tauchen, Surfen oder Schneeschuhwandern können entweder über die Kreuzfahrtgesellschaft gebucht oder über unabhängige Veranstalter selbst organisiert werden. Schau dir die Reiseroute am besten im Voraus genau an und entscheide dich dann, welche Aktivitäten dir wichtig sind.

Planst du einen Stadtrundgang oder einen Tag am Strand? Dann kannst du dich mit GoogleMaps und öffentlichen Verkehrsmitteln problemlos allein zurechtfinden. Den Zielort auf eigene Faust zu erkunden, macht Spaß – pass aber auf, dass du rechtzeitig zurück auf dem Schiff bist.

SO GEHT KREUZFAHRT!

$ VERGESSENE KOSTEN

Manche versteckte Reisekosten werden gerne vergessen. Natürlich lässt sich Geld sparen, indem man sich nicht für ein Luxusschiff, sondern für eine günstigere Alternative entscheidet (z. B. ein Hausboot im indischen Kerala oder eine Blaue Reise in der Türkei) und indem man Casinos entweder ganz meidet oder vorher sein Limit festlegt. Vor allem aber sind es die kleineren, schnell vergessenen Käufe und Gebühren, die sich ordentlich summieren können. Diese Kostenfallen sollte man kennen, um hinterher nicht überrumpelt zu werden. Vorausplanung spart Geld!

Unten: Bei Blauen Reisen an der Türkischen Riviera darf man manchmal eigene Getränke mitnehmen.

$ SOUVENIRS

Dein Budget für Souvenirs solltest du unbedingt im Vorfeld festlegen. Beschränke dich auf ein besonderes Andenken von deiner Reise. Meide auf jeden Fall die Souvenirgeschäfte direkt am Hafen, es sind meist überteuerte Touristenfallen. Auch das Shopping an Bord kann für den Geldbeutel fatal sein; gerade auf Megaschiffen werden einem gern Erinnerungsfotos und teure Andenken angedreht. Wer als Familie reist, sollte besser vorher mit seinen Kindern klären, was sie sich aussuchen dürfen. So muss man nicht im Souvenirladen Nein sagen und riskiert keine Tränen.

$ GELD ABHEBEN

Wer an Bord oder am Hafen Geld wechseln oder abheben will, muss mit saftigen Gebühren rechnen. Besorge dir am besten für Käufe an Land eine Kreditkarte, die du im Ausland gebührenfrei nutzen kannst. Aber denke daran, dass man nicht überall mit Kreditkarte bezahlen kann. Bargeld tauschst du am besten vor der Abreise um.

$ INTERNET

Die meisten Schiffe haben zwar einen WLAN-Zugang, oft sogar mit relativ schneller Verbindung, doch die Gebühren auf See können sehr hoch sein. Wer ganz auf das Internet verzichtet, kann nicht nur wunderbar digital detoxen, sondern auch viel Geld sparen. Wenn du nicht auf Facebook oder Whatsapp verzichten willst, solltest du dich schon im Voraus darum kümmern, wie du zumindest zeitweise online sein kannst. Erkundige dich vor der Abreise bei deinem Handyanbieter über Roaming-Pakete. Am Hafen kannst du dich dann in das örtliche Netz einwählen, wodurch die Verbindungen deutlich günstiger werden. Schalte an Bord den Flugmodus ein, um zu vermeiden, dass sich Roaminggebühren ansammeln, auch wenn du dein Handy gar nicht benutzt.

15 ZUSÄTZLICHE TIPPS ZUM GELD SPAREN

1. Im Frühjahr buchen. Zwischen Januar und März werden die meisten Kreuzfahrten gebucht, dann versuchen die Anbieter, mit Upgrades, Bordguthaben oder großen Nachlässen für ein zweites Ticket Reisende anzulocken.

2. In der Nebensaison reisen. Wer die Hauptsaison meidet, kann besonders bei klassischen Kreuzfahrtzielen viel Geld sparen.

3. Auf Last-minute-Angebote warten. Wenn kurz vor dem Start noch Kabinen leer sind, senken die Anbieter oft die Preise, um das Schiff vollzukriegen. In Ushuaia in Argentinien warten preisbewusste Reisende oft am selben Tag auf vergünstigte Trips in die Antarktis – das Gleiche ist auch bei anderen Kreuzfahrten möglich, wenn man spontan ist.

4. An Bord die nächste Reise buchen. Wer gleich an Bord die nächste Kreuzfahrt bucht, kann von Treuepunkten und automatischen Kabinenupgrades profitieren.

5. Ermäßigungen nutzen. Eine Fülle an Preisnachlässen lockt, wenn man nur nachfragt. Viele Anbieter gewähren Rabatte für Senioren, Studenten oder Menschen mit Behinderungen.

6. Eine Repositioning-Kreuzfahrt wählen. Wenn Reedereien ihre Kreuzfahrtschiffe saisonabhängig in andere Gebiete verschieben („Repositio-

ning"), bieten sie Kabinen an, um die Kosten zu decken. Man ist dann zwar länger auf See und seltener an Land, aber das Bordangebot ist dasselbe – zu einem Bruchteil des Normalpreises.

7. Kosten bündeln. Wenn der Preis der Kreuzfahrt zu gut scheint, um wahr zu sein, kommen oft versteckte Kosten auf dich zu. Halte nach Preispaketen Ausschau, die Reisepreis und Anreise sowie Exkursionen an Land beinhalten.

8. Garantiekabine buchen. Statt einer bestimmten Kabine kannst du einen Kabinentyp in einer Kategorie reservieren. Sollte diese Kategorie am Ende ausgebucht sein, wirst du automatisch ohne Aufpreis in die Kabinenkategorie darüber upgegradet.

9. Über eine Partner-Agentur buchen. Die meisten Reedereien kooperieren mit autorisierten Reiseagenturen, die Spezialangebote anbieten.

10. Newsletter abonnieren. Melde dich für einen Newsletter an, um als Erstes über Schnäppchen informiert zu werden. Webseiten wie Travelzoo (www.travelzoo.com/de) bieten ebenfalls eine Übersicht über die neusten Angebote.

11. Mit älteren Schiffen reisen. Nagelneue Schiffe sind immer teurer. Wer sparen will, wählt ein etwas älteres Schiff. Das ist vielleicht weniger

aufregend, bietet aber ähnliche Annehmlichkeiten.

12. Soziale Medien verfolgen. Wer den Reedereien auf Twitter, Facebook oder Instagram folgt, erfährt von Schnäppchen und Geschenken oder kann bei Gewinnspielen mitmachen.

13. Um Rückerstattung bitten. Wenn der Reisepreis nach der Buchung sinkt, ist das kein Grund, sich zu ärgern. Bei Ratenzahlung kannst du den Anbieter bitten, die letzte Rate zu reduzieren, um die Summe dem ermäßigten Preis anzupassen. Wenn du schon bezahlt hast, kannst du fragen, ob du den zu viel gezahlten Betrag als Bordguthaben erhältst.

14. Innenkabine buchen. Niemand geht doch auf Kreuzfahrt, um sich den ganzen Tag in der Kabine einzuschließen. Wozu also ein Ausblick? Auf manchen Schiffen gibt es sogar innen liegende „Promenadenzimmer" mit Fenstern auf einen Innenraum.

15. Getränke selbst mitbringen. Auf kleineren Schiffen lohnt es sich, nachzufragen, ob man eigene alkoholische Getränke mit an Bord nehmen kann. Ein Toast auf alle Sparfüchse!

TIPPS ZUR BUCHUNG

Du hast dich informiert und weißt, welches Schiff und welches Reiseziel zu dir passen. Zeit zu buchen! Hier ein paar Dinge, die es zu bedenken gilt.

$ DIREKTE BUCHUNG VS. REISEAGENTUR

Selbst für erfahrene Globetrotter, die sich selbst um ihre Unterkunft kümmern, kann es von Vorteil sein, die Kreuzfahrt über eine Reiseagentur zu buchen. Die meisten der von der CLIA akkreditierten Agenten haben die Kreuzfahrten, die sie verkaufen, selbst mitgemacht. Kontaktiere am besten mehrere Reiseagenturen und erkläre ihnen genau, wonach du suchst. Kompetente Berater sollten nach wenigen Minuten am Telefon in der Lage sein, die beste Kreuzfahrt für deine Präferenzen zu ermitteln. Oft haben sie auch spezielle Vorteilspakete und Upgrades im Angebot – unbedingt nachfragen. Für dich fallen dabei keine Zusatzkosten an, also kann sich eine Buchung über eine Reiseagentur durchaus lohnen.

$ WELCHE KABINE SOLL ICH WÄHLEN?

Auf Flusskreuzfahrten und kleineren Schiffen haben die meisten Kabinen eine ähnliche Form und Größe. Neigst du zu Seekrankheit, solltest du eine Kabine auf dem unteren Deck und möglichst in der Schiffsmitte wählen. Auf Megaschiffen gibt es Dutzende verschiedene Kabinentypen, von der Innenkabine bis zur Suite mit Balkon. Behalte bei der Entscheidung das Reiseprogramm im Blick – wer jeden Tag Landausflüge unternimmt, braucht kaum einen Balkon. Wer klaustrophobisch veranlagt ist und sich ohne natürliches Licht unwohl fühlt, sollte eine Innenkabine meiden. Außerdem lohnt sich ein Blick auf den Deckplan, um zu entscheiden, wie weit entfernt man von den Gemeinschaftsräumen untergebracht sein will. Wenn der Preis ausschlaggebend ist, ist das Timing entscheidend. Wer acht Monate oder mehr im Voraus bucht, kommt oft am günstigsten weg. Auch Last-minute-Buchungen (zwei Wochen vor der Abreise) sind oft preiswert, weil dann die leeren Kabinen gefüllt werden.

$) REGENTAGE

Auch wenn sich die Bezeichnungen weltweit unterscheiden – Hurrikan, Zyklon, Monsun –, bedeuten sie alle das Gleiche: Regen. Eine ideale Kreuzfahrt besteht darin, erfolgreich über das Wasser zu navigieren und es nicht eimerweise von oben abzubekommen. Informiere dich also vor der Buchung über regionale Regenzeiten. Aber Sturmsaison ist nicht gleich Sturmsaison, und es lohnt sich, im Internet die Wetterstatistik deines Wunschortes zu studieren – zum Beispiel liegen bestimmte karibische Inseln wie die Grenadinen oder Aruba gar nicht im berüchtigten Hurrikangürtel der Region, was sie zu attraktiven Reisezielen in der Nebensaison macht.

DIE RICHTIGE VERSICHERUNG

Egal ob du auf einem Ozeanschiff, einem kleinen Flussboot oder einem selbst gecharterten Schiff unterwegs bist, die folgenden Versicherungen solltest du auf jeden Fall abschließen: Eine **Auslandskrankenversicherung** deckt die Kosten für einen Krankenrücktransport in die Heimat (sie sollte weltweit gültig sein und Kreuzfahrten nicht ausschließen). Eine **Reiserücktrittversicherung** ersetzt dir die hohen Storno-Gebühren, wenn du die Reise absagen musst. Manche Kreditkartenfirmen bieten beide Versicherungen an, prüfe aber den Leistungsumfang genau. Und eine **Hausratsversicherung** (die Schiffskabinen explizit einschließt) ersetzt dir gestohlene Wertgegenstände aus deiner Kabine.

KREUZFAHRT-ZEITPLANUNG

1 JAHR VORHER Träume! Lass dich von Zeitschriften, Reiseführern und Webseiten inspirieren und sammle Informationen über Reiserouten und -ziele.

9 MONATE VORHER Ein guter Zeitpunkt, die Kabine zu buchen – in der Hauptsaison sind beliebte Strecken oft ein ganzes Jahr im Voraus ausgebucht.

6 MONATE VORHER Lege die Reisedaten fest, nimm dir Urlaub, abonniere Newsletter zu günstigen Flügen und erneuere Reisedokumente und Impfungen.

4 MONATE VORHER Buche deine Flüge oder Züge sowie die Unterbringung am Start- und Zielort. Schließe die nötigen Versicherungen ab und informiere dich über Unternehmungen während der Reise.

2 MONATE VORHER Organisiere jetzt die Landausflüge, kümmere dich um Mietwagen, Restaurantreservierungen, Transfers zum Hafen und buche Extras an Bord wie Premium Dining oder Spa-Behandlungen.

1 MONAT VORHER Erzähle deinen Bekannten in den sozialen Medien von der bevorstehenden Reise – vielleicht ist ja jemand zur gleichen Zeit an deinem Zielort unterwegs. Bei Ratenzahlung wird wahrscheinlich jetzt die letzte fällig.

1 WOCHE (ODER WENIGER) VORHER Sortiere alle zu packenden Gegenstände – Ladegeräte nicht vergessen! Stocke deine Medikamente auf. Versehe dein Gepäck mit Namensschildern. Erkundige dich bei deinem Telefonanbieter über Roamingoptionen, tausche Bargeld um und informiere deine Bank über eventuelle ungewöhnliche Kontobewegungen.

EIN EIGENES SCHIFF CHARTERN

Du willst selbst bestimmen, wo's auf See langgeht? Ian Pedersen, Segelexperte und Marketingmanager bei The Moorings (www.moorings.de) verrät wichtige Tipps und Tricks für die Planung einer perfekten Charterreise.

WAS MUSS MAN WISSEN, BEVOR MAN SELBST EIN BOOT CHARTERT?

Die meisten Charterfahrten finden auf Segeljachten statt, aber für erfahrenere Bootsfahrer stehen auch Motorkatamarane zur Verfügung. Bei jeder Reise sollte man mit den Grundlagen vertraut sein: Seile und Fender festmachen, Anker setzen, eine Ankerboje aufnehmen oder Navigationshilfen verstehen. Wer den Unterschied zwischen Steuerbord und Backbord nicht kennt, sollte lieber einen Kapitän oder gleich die ganze Crew anheuern.

WIE HEUERT MAN EINE CREW AN?

Im Allgemeinen besteht die Crew auf gecharterten Schiffen aus Kapitän und Koch, oft handelt es sich um ein Paar, das ständig auf der Jacht lebt. Es gibt unzählige solcher Jachten in Privatbesitz, und viele Firmen (wie The Moorings) bieten einen verlässlichen Servicestandard. Die meisten dieser Charterreisen sind all-inclusive und beinhalten volle Verpflegung an Bord. Wer flexibel bleiben und auch an Land die gastronomischen Möglichkeiten nutzen will, der braucht wahrscheinlich nur einen Kapitän.

WELCHE FÄHIGKEITEN BENÖTIGT MAN FÜR EINE SOLOREISE?

Man sollte sicher sein im Navigieren von Booten mit einer Länge von über zehn Metern und muss bei der Buchung entsprechende Erfahrung oder Qualifikationen nachweisen. In der Karibik sind die Anforderungen generell etwas weniger streng, im Mittelmeer jedoch muss man ein formelles internationales Zertifikat vorweisen, um ein Boot zu mieten.

WAS SOLLTE MAN IM GEPÄCK HABEN?

Am besten so wenig wie möglich. Am wichtigsten sind Badekleidung, Sonnenbrille, ein guter Hut, viel Sonnenschutzmittel und eine Playlist mit Lieblingsmusik. Das Leben auf einer Jacht ist weniger glamourös und luxuriös, als man denkt. Man muss sich darauf einstellen, viel Zeit nur im Badeanzug zu verbringen, während die nassen Sachen an Deck trocknen. Am besten lässt man alle Schönheitsprodukte zu Hause und akzeptiert zerzauste Haare. Ein Paar Flip-Flops oder Sandalen dürfen nicht fehlen, ebenso wie geschlossene Schuhe für Aktivitäten an Land.

WELCHEN MISSVERSTÄNDNISSEN ÜBER CHARTERREISEN BEGEGNET MAN?

Zunächst einmal ist eine Charterreise keine Kreuzfahrt – Reiseablauf und Strecke sind nicht festgelegt, und man reist nicht mit Hunderten von Fremden auf demselben Schiff. Man kann frei entscheiden, wohin man fahren will. Bei Charterreisen überquert man im Allgemeinen keine Ozeane – sie werden vor allem in Regionen angeboten, wo man ein bis zwei Stunden von einem Ort zum nächsten segelt, um dort an Land zu gehen.

Auf S. 77 gibt es eine Übersicht über die fünf schönsten Ziele für eine Charterreise.

DO iT YOURSELF

Wer hat nicht schon davon geträumt, alles hinzuschmeißen, um eine längere Zeit auf See zu verbringen? Hier erklärt Familie Johnson (Elcie Expeditions), was es zu beachten gilt, wenn man die Welt mit dem eigenen Schiff erkunden will.

Die Amerikaner Richard Johnson und Jessica Rice Johnson leben mit ihren Töchtern Emma und Molly an Bord der *Elcie*, einem knapp 19 Meter langen neuseeländischen Katamaran, mit dem sie zurzeit die Welt umrunden.

WiE SEiD iHR DARAUF GEKOMMEN, EUCH EiN EiGENES SCHiFF ZU KAUFEN?

Als wir früher für andere Organisationen auf Booten gearbeitet haben, waren wir immer an deren Zeitpläne gebunden. Ich weiß noch, wie ich zum Beispiel einen halben Kilometer von einer Insel mit einem wunderschönen Strand entfernt war und nicht anlegen konnte, weil sie nicht Teil der Route war. Wir wollten also unsere Reisen frei gestalten, und ein eigenes Boot erschien uns perfekt dafür, weil man ja praktisch sein Haus mitnimmt. Die *Elcie* ist das Ergebnis vieler Jahre Segelerfahrung auf den verschiedensten Booten, und sie vereint alle Eigenschaften, die wir in einer Langstrecken-Segeljacht suchten: Robustheit, große Wasser- und Dieseltanks, ein flacher Kiel, zusätzliche Schlafplätze, um mit Gästen etwas dazuzuverdienen, und dazu möglichst umweltschonend.

WAS iST DAS WiCHTiGSTE, WENN MAN MiT EiNEM EiGENEN BOOT REiSEN WiLL?

Budget

Für unter 100 000 Dollar kann man ein ordentliches Boot erstehen, an dem noch einige Arbeiten nötig sind, oder eine bescheidenere, aber absolut funktionstüchtige Jacht. Viele Menschen arbeiten unterwegs, um die Kosten der Reise zu decken, von Internet-Jobs bis zu Reparaturtätigkeiten. Oft kann man an Land saisonaler Arbeit nachgehen, wenn man ein Arbeitsvisum bekommt oder bar bezahlt wird. Die größte Ausgabe nach dem Kauf der Ausrüstung sind die Versicherungen. Wir haben eine besonders umfassende Haftpflichtversicherung, weil wir Passagiere transportieren – wenn man nur als Paar oder als Familie reist, ist es etwas günstiger.

Kaufen oder selbst bauen

Natürlich hat es Vorteile, ein Boot genau nach den eigenen Vorstellungen zu entwerfen – das ist aber für Neulinge definitiv nicht zu empfehlen. Wir haben drei Jahre gebraucht, um die *Elcie* in einer professionellen Werft zu bauen – wir haben uns endlose Wochenenden lang abgerackert, während wir zusahen, wie andere Boote zu einem Segeltörn aufbrachen.

Training

Es gibt immer viel zu lernen, und man sollte sein Wissen ständig erweitern, also auch Weiterbildungskurse in Motorentechnik, Navigation, Sicherheit oder Erster Hilfe belegen. Anfangs empfiehlt es sich, auf anderen Booten als Teil der Crew mitzusegeln. Für die ersten eigenen Fahrten bietet sich eine Segelrallye an. Unterstützung durch erfahrene Bootsfahrer um einen herum ist hilfreich, bevor man sich allein aufmacht. Die ARC-Rallye (www.worldcruising.com/arc/event.aspx) ist ein gutes Beispiel für eine organisierte Gruppenfahrt mit Sicherheitschecks, Funknetzwerken und Hilfe bei der Zollabwicklung.

SO GEHT KREUZFAHRT!

Kosten

Die Ausgaben unterscheiden sich je nach Zielregion und eigenen Ansprüchen. So ist zum Beispiel das Passieren des Panamakanals sehr teuer. Ebenso gehören die Galapagosinseln, die Osterinseln und Französisch-Polynesien zu den teuersten Regionen für Schiffsreisen. Fidschi und Indonesien sind oft deutlich günstiger. Andere Faktoren, die Einfluss auf das Reisebudget haben, sind die Verpflegung (Fisch und Reis oder schicke Restaurants an Land?), die Ausgaben an Land für z. B. Mietwagen, Hafengebühren und der Treibstoffverbrauch.

ERZÄHLT UNS VON EURER ERSTEN WELTUMRUNDUNG

Ursprünglich hatten wir eine achtzehnmonatige Umrundung geplant, aber dann hat es uns so gut gefallen, dass wir am Ende vier Jahre unterwegs waren. Wie heute nahmen wir Crew-Mitglieder an Bord, um die Kosten zu teilen. Wir hatten noch kein Internet als Marketing-Tool, nur durch Mundpropaganda bekamen wir Passagiere – Freunde von Freunden, die zuvor mit uns gesegelt waren. Damals schickten wir unserer Familie einmal im Monat ein Fax; heute sind wir fast ständig in Kontakt. Ich bin mir nicht sicher, was mir besser gefällt.

Ein Highlight jener Reise war, als wir im Nahen Osten und über das Rote Meer segelten und zwischendurch in Oman, Jemen, Eritrea, Sudan, Ägypten und Israel Halt machten. Wir erlebten dort spektakuläre Tauchgänge, und die Landschaft war atemberaubend. Diese Gegend ist leider heute aufgrund von Piraten und der politischen Lage in einigen Ländern weniger sicher.

Anfangs dachte ich, es wäre wichtig, alle Einzelheiten im Voraus festzulegen – aber ich habe bald gemerkt, dass Pläne sich schnell ändern können, vor allem, wenn man unterwegs von einer faszinieren-

„Es hat schon was, wenn man in seiner eigenen Küche kochen und jede Nacht in seinem eigenen Bett schlafen kann und trotzdem ständig unterwegs ist."

den Insel oder einem neuen Hafen erfährt. So kam es, dass wir einmal hoch in den Bergen im Landesinneren von Kalimantan im Haus eines Dayak-Dorfältesten auf dem Fußboden übernachtet haben.

WELCHE UNERWARTETEN SCHWIERIGKEITEN HABT IHR AUF EURER REISE ERLEBT?

Wir durften drei Dinge nicht verlieren: den Überblick über unsere Finanzen, unser Haus und unseren Verstand. Es gibt einen Witz, dass „boat" im Englischen die Abkürzung für „Break out another thousand" ist: Leg noch mal Tausend drauf. Die Ausrüstung kann sehr teuer sein. Während viele Leute alles verkaufen, um schuldenfrei zu sein und mehr Geld für die Umseglung zu haben, haben wir unser Haus behalten. Es war nicht leicht, es während des Segelns zu unterhalten, aber es gibt unseren Töchtern ein Zuhause und einen Anker als Ausgleich für unseren nomadischen Lebenswandel. Außerdem mussten wir irgendwo innere Kraft und Geduld hernehmen, weil die Fertigstellung unseres Boots so viel Zeit und Arbeit in Anspruch nahm, bevor wir endlich lossegeln konnten.

WÜRDET IHR RATEN, EIN BOOT ZU KAUFEN ODER EINS ZU CHARTERN?

Bevor man den großen Sprung wagt, würde ich empfehlen, erst einmal ein gechartertes Boot selbst zu steuern. In den beliebtesten Regionen wie der Karibik, Griechenland oder Tahiti werden Charterboote angeboten. Das ist eine preisgünstige

5 LIEBLINGSORTE DER FAMILIE JOHNSON

- Neuseeland
- Fidschi
- Indonesien
- Pitcairninseln
- Französisch-Polynesien

Möglichkeit, um auszuprobieren, ob einem Langstrecken-Schiffsreisen liegen. Allerdings muss man bedenken, dass man mit einem Charterboot auf geschützte Gewässer beschränkt ist und vor Sonnenuntergang vor Anker liegen muss. Auf dem offenen Meer geht es dann ganz anders zu – Gegenwinde, Seekrankheit und lange Nachtwachen können aufs Gemüt schlagen. Um Erfahrung zu sammeln, probiert man es am besten mit dem „Boote-Tinder": Auf Webseiten wie Findacrew Worldwide (www.findacrew.net) oder CrewSeekers International (www.crewseekers.net) finden Crews und Skipper zusammen. Für intensiveres Training gibt es Programme wie Mahina Expeditions (www.mahina.com) oder Pelagic Expeditions (www.pelagic.co.uk).

Oben: Richard Johnson, Jessica Rice Johnson und ihre beiden Töchter auf Weltumseglung

WIE WIRD MAN PASSAGIER AUF DER ELCIE?

Die Leute kommen zu uns, um Erfahrung im Segeln auf dem offenen Meer und mit Mehrrumpfbooten zu sammeln oder weil sie einfach ein Urlaubsabenteuer suchen. Wir fühlen potenziellen Mitfahrern in einem Online-Bewerbungsverfahren mit Fragen zu bisheriger Segel- und Reiseerfahrung auf den Zahn, aber eigentlich ist schon eine Vorauswahl getroffen, da wir sowieso Personen anziehen, die auf dem offenen Meer segeln wollen. Wir behandeln alle als Teil der Crew – wir nennen sie gar nicht Passagiere. Neue Crew-Mitglieder zahlen einen Unkostenbeitrag und begleiten uns auf einem Teil unserer Reiseroute. Ein Streckenabschnitt kann zwischen 6 und 31 Tagen dauern. Wir haben die Route entlang sehenswerter Reiseziele und großer Flughäfen geplant, um die An- und Abreise zu erleichtern. Die neuen Crew-Mitglieder teilen sich zwar mit uns die Verantwortung, einschließlich Nachtwachen, trotzdem bleibt genug Zeit für Landgänge.

Auf der Webseite www.elcieexpeditions.com findest du mehr Informationen über die Elcie.

SO GEHT KREUZFAHRT!

TOP 10 KREUZFAHRT-ARGUMENTE

① BEQUEM UND PRAKTISCH

Zeit ist oft der wichtigste begrenzende Faktor beim Reisen. Wer aus seinen wenigen Urlaubstagen das meiste herausholen will, kann auf einer Kreuzfahrt mit vielen kurzen Hafenstopps gleich mehrere Reiseziele und Sehenswürdigkeiten von seiner Wunschliste streichen. Und als Bonus muss man nicht mal jeden Tag ein- und auspacken.

② STRESSFREIE PLANUNG

In der Hektik von Beruf und Alltag kann die Planung eines Urlaubs, der ja Erholung bringen soll, zusätzlichen Stress bedeuten. Bei einer Kreuzfahrt kannst du das Gesamtpaket – Flüge, Kabine und Verpflegung – mit nur einem Mausklick buchen. Zusätzliche Unternehmungen und Exkursionen kannst du immer noch organisieren, wenn du an Bord bist und endlich durchatmen kannst.

③ PREIS-LEISTUNGS-VERHÄLTNIS

„All-inclusive", das wichtigste Schlagwort der Kreuzfahrtindustrie, kann ein Segen fürs Reisebudget sein – vor allem, wenn man als Familie unterwegs ist. Auf großen Schiffen steht eine Fülle an kulinarischen Angeboten und an Spielmöglichkeiten für Kinder zur Verfügung. Selbst die Unterhaltung an Bord hat heute oft Broadway-Qualität und ist im Reisepreis bereits inbegriffen.

④ LUXUS

Im Luxussegment lassen die Kreuzfahrtanbieter heute keine Wünsche offen. Von kleinen Privatjachten, die elegant die französische Küste entlangsegeln, bis zu todschicken Megaschiffen, die schwimmenden Hotels gleichen und mit Unterwasserexkursionen, privaten Swimmingpools und erstklassigen Kunstsammlungen aufwarten, wird die ganze Bandbreite abgedeckt.

⑤ LEBE DEINE LEIDENSCHAFT

Von Archäologie über Kunstgeschichte und Fotografie bis zu Meeresbiologie – Themenkreuzfahrten oder Reisen mit Bildungsfokus sind perfekt, um tiefer in dein Interessengebiet einzutauchen. Außerdem sind sie toll, um Gleichgesinnte zu treffen und neue Freundschaften zu schließen.

6) SCHLEMMEN

Nein, hier meinen wir keine „All-you-can-eat"-Angebote, sondern internationale Kreationen auf höchstem Niveau. Die in Zusammenarbeit mit führenden Spitzenköchen entwickelten Speisekarten der gehobenen Bordrestaurants garantieren kulinarischen Hochgenuss. Manchmal stehen sogar Kochkurse für die Passagiere auf dem Programm.

7) ERKUNDUNGEN

Einmal Captain Picard sein! Per Schiff dringst du an Orte vor, die nie ein Mensch zuvor gesehen hat (oder zumindest nur wenige). Du kannst die Weite Alaskas im Licht der Mitternachtssonne bestaunen, dschungelbedeckte Inseln Polynesiens entdecken, Hochlandeinwohner entlang der Flüsse Papua-Neuguineas treffen oder auf den Spuren Shackletons die Antarktis erkunden.

8) NATUR PUR

Safaris sind längst nicht mehr auf das Auto beschränkt. Auch auf kleinen Booten kommst du der Natur nah. Sichte auf den Galapagosinseln exotische Vögel und Schildkröten, paddle im Polarmeer mit dem Kajak zwischen springenden Walen herum, erspähe Eisbären auf Spitzbergen oder Seelöwen in Australien, tauche mit Haien und Stachelrochen oder segle im Innern Afrikas neben Elefantenherden.

9) WELLNESS

Wurden Kreuzfahrten früher mit Ess- und Trinkgelagen gleichgesetzt, haben sich die meisten Anbieter heute den Trend zu mehr Gesundheit und Wellness zu Herzen genommen. Spas, Fitnessstudios, Sportkurse und Clean Eating werden auf fast allen Megaschiffen angeboten. Auf kleineren Schiffen können Passagiere in Meditationsübungen Seele und Geist in Einklang bringen.

10) DIGITAL DETOX

Auch wenn der Begriff „Digital Detox" schon etwas abgegriffen ist, lohnt es sich, mal vom Smartphone aufzublicken und die Welt um sich herum wahrzunehmen. Auf einem Schiff fällt das Abschalten leicht, sei es aufgrund von überteuerten Verbindungspreisen oder fehlendem Empfang in einer entlegenen Gegend.

⚓ DAS KREUZFAHRT-QUIZ

Du weißt nicht, wo du mit der Planung anfangen sollst? Mit unserem Quiz findest du heraus, welche Reise zu dir passt.

1. WAS FÜRCHTEST DU AUF EINER SCHIFFSREISE AM MEISTEN?

a) Dass die ganze Zeit schlechtes Wetter ist
b) Dass ich mich an Bord langweile
c) Dass die Zeit fehlt, um den Zielort richtig zu erkunden
d) Dass ich von Scharen von Fremden umgeben bin

2. WELCHER DER FOLGENDEN ORTE STEHT ZUOBERST AUF DEINER WUNSCHLISTE?

a) Jamaika
b) Galapagosinseln
c) Frankreich
d) Moorea

3. WAS IST DER BESTE GRUND FÜR EINE SCHIFFSREISE?

a) Auszeit vom Alltag
b) Orte besuchen, die mit dem Auto unerreichbar sind
c) Orte kennenlernen, ohne immer wieder auspacken zu müssen
d) Neue Abenteuer erleben

4. MIT WEM VERREIST DU AM LIEBSTEN?

a) Mit meinen Kindern
b) Mit meinem Partner
c) Mit meinen Freunden
d) Mit mir selbst

5. WAS IST DEIN LIEBLINGSESSEN?

a) Cheeseburger
b) Ein großer Salat
c) Sushi
d) Frisches Ceviche

6. WIE PACKST DU FÜR DEINEN URLAUB?

a) Ich packe alles ein, was ich besitze
b) Ich packe leider immer zu viel
c) Ich lasse Platz für neue Dinge, die ich im Urlaub kaufe
d) Von allem zwei Teile, das muss reichen

7. WIE VERBRINGST DU EINE WOCHE URLAUB ZU HAUSE?

a) Mit der TV-Mediathek
b) Gesundes Essen und ein neues Fitnessprogramm
c) In Museen, Restaurants und Vinotheken
d) Ich entdecke unbekannte Ecken meiner Heimatstadt

8. DU ERHÄLTST 1000 EURO GESCHENKT. WOFÜR GIBST DU SIE AUS?

a) Für ein Wochenende in einem noblen Hotel
b) Für eine neue Kamera
c) Für ein üppiges Abendessen in einem schicken Restaurant
d) Für ein Flugticket

9. WELCHE SOUVENIRS BRINGST DU VON EINER REISE MIT?

a) Juwelen
b) Fotos
c) Käse, Spirituosen, Gewürze
d) Ich nehme nur Erinnerungen mit und hinterlasse nichts als Fußabdrücke

10. DEINE BEGLEITUNG HAT KEINE LUST AUF SIGHTSEEING. WAS TUST DU?

a) Ich verzichte darauf und bleibe auch
b) Ich überrede sie, wenigstens ganz kurz mitzukommen
c) Ich gehe kurz allein und komme schnell wieder zurück
d) Ich ziehe allein los

11. ICH VERLASSE MEIN ZUHAUSE NIE OHNE

a) mein Smartphone
b) eine Kreditkarte
c) einen Snack
d) ein Lächeln

12. WELCHE ART KAMERA NIMMST DU AUF REISEN MIT?

a) Mein Smartphone genügt
b) Eine Spiegelreflexkamera plus Extra-Objektiv für Landschaftsfotos
c) Eine gute, kleine Kompaktkamera, um nicht wie ein Tourist zu wirken
d) Die neuste GoPro

13. DU LÄDST FREUNDE ZUM ABENDESSEN EIN. WAS GIBT ES?

a) Etwas vom Lieferservice
b) Alles, was man grillen kann
c) Ein neues Laksa-Rezept
d) Selbst geräucherte Würste

14. WELCHER DER FOLGENDEN IST DEIN LIEBSTER OZEAN-FILM?

a) *Titanic*
b) *Master & Commander – Bis ans Ende der Welt*
c) *Fluch der Karibik*
d) *Cast Away – Verschollen*

15. IN EINER NOTSITUATION BIST DU DIE PERSON, DIE

a) darauf vertraut, dass jemand anders sich drum kümmert
b) assistiert
c) die richtige Person rekrutiert, um mitzuhelfen
d) alles selbst in die Hand nimmt

16. WAS IST DEIN LIEBLINGSTIER?

a) Faultier
b) Schneeleopard
c) Pferd
d) Hai

17. WAS VERSCHAFFT DIR EINEN ADRENALINKICK?

a) Mit der Rolltreppe fahren
b) Eine Wasserrutsche runterrutschen
c) Eine Nacht in einem Geisterhaus verbringen
d) Sporttauchen

18. BESCHREIBE DEINEN PERFEKTEN SAMSTAGABEND

a) Netflix und Lieferpizza
b) Eine Hütte am See
c) Mit Freunden ausgehen
d) Das neuste Restaurant ausprobieren

19. WIE STEHST DU ZU FILMSPOILERN?

a) Ich will das Ende wissen, bevor ich den Film sehe
b) Allzu große Überraschungen mag ich nicht
c) Am Wichtigsten sind die Charaktere
d) Ich will vorher nicht einmal wissen, worum es im Film geht

20. WELCHE ART KULTURSCHOCK REIZT DICH AM MEISTEN?

a) Kulturschocks meide ich
b) Der Besuch eines kleinen Dorfs inmitten atemberaubender Natur
c) Das Eintauchen in eine fremde Sprache
d) Das Gefühl, als Erster einen Ort zu entdecken

ZU DEN

ERGEBNISSEN

SO GEHT KREUZFAHRT!

ERGEBNISSE

AM MEISTEN A – Erholung auf einem Megaschiff mit allem Schnickschnack

Das Ziel ist nicht so wichtig – du möchtest einfach nur entspannen. Warum auch nicht? Du rackerst dich täglich auf der Arbeit ab und fährst in Urlaub, um abzuschalten. Zum Glück sind die Megaschiffe heute mit allen erdenklichen Luxus-, Zerstreuungs- und Verpflegungsangeboten ausgestattet. So kannst du durch die Karibik gleiten, ohne je an einem Hafen aussteigen zu müssen. Denn an Bord findest du alles – von Broadway-Musicals bis zum Luxus-Spa.

AM MEISTEN B – Entdecke unbekanntes Terrain auf einer Abenteuerkreuzfahrt

Du willst eine Schiffsreise, die dich an die schönsten Orte der Welt führt. Vielleicht eine klassische Alaska-Kreuzfahrt. Vielleicht sind aber auch die entlegenen Ecken Patagoniens, der Antarktis oder Spitzbergens das Richtige für dich – besonders, wenn dich die Aussicht, Wale oder seltene Vögel zu sichten, ebenso begeistert wie der perfekte Instagram-Sonnenuntergang. Du bist bereit, dich auf die Natur in all ihrer Erhabenheit einzulassen, möchtest am Abend aber trotzdem ein weiches Bett.

AM MEISTEN C – Erlebe das Flair eines Orts auf einem kleinen Schiff oder einer Flusskreuzfahrt

Du bist ein Kulturmensch durch und durch. Wie wäre es mit einer Flusskreuzfahrt durch Europa, bei der du Städte und Dörfer erkunden und in der Adventszeit über Weihnachtsmärkte schlendern kannst? Oder mit einem Besuch bei der indigenen Bevölkerung entlang der Flussufer Papua-Neuguineas? So oder so sind die Menschen und die Kultur für dich das Wichtigste am Zielland, und somit ist eine Schiffsreise, auf der du all das erleben kannst, einfach ideal.

AM MEISTEN D – Chartere dein eigenes Boot und tauche ganz in eine Region ein

Abenteuer ist dein zweiter Vorname und eine Schiffsreise eine spannende Möglichkeit, einen neuen Ort intensiv kennenzulernen. Du magst es familiär und charterst dir selbst ein Boot oder reist auf einem kleinen Schiff mit nur einer Handvoll Mitpassagiere. Vielleicht steht auch Sporttauchen auf dem Programm, nebenbei erlernst du die Grundlagen des Segelns und übst das Anlegen an entlegenen tropischen Inselchen. Du suchst einen unkonventionellen, authentischen und individuellen Urlaub.

PLANUNG

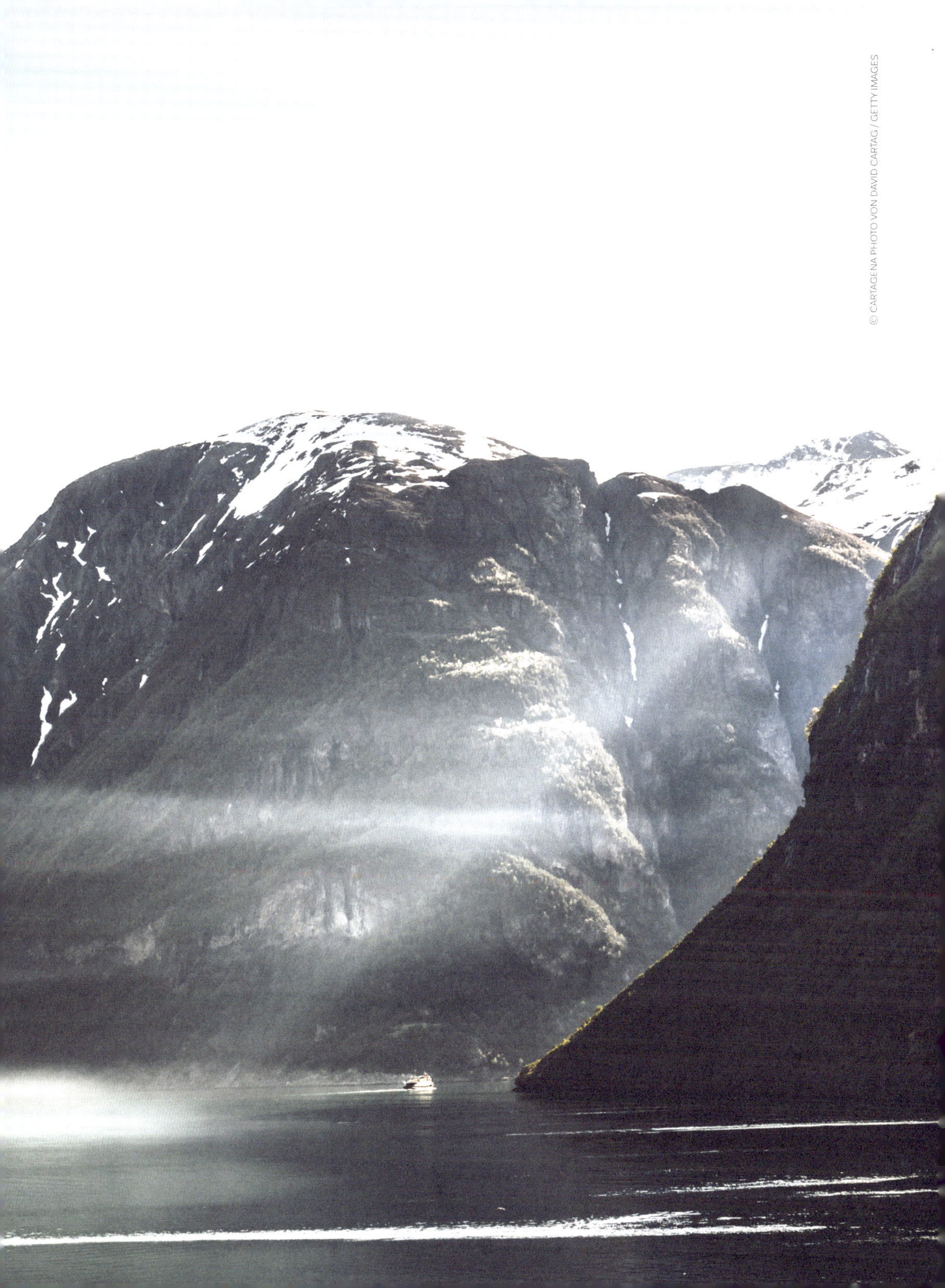

TOP 10 PLANUNGSTIPPS

1 FINDE DEINE IDEALE KREUZFAHRT

Dein nächster Trip soll also eine Kreuzfahrt werden – cool! Jetzt musst du dir nur noch überlegen, was für eine genau. So eine Entscheidung sollte man nicht auf die leichte Schulter nehmen, es gibt nämlich jede Menge Möglichkeiten – von Riesenschiffen mit 6000 Personen bis zu winzigen, selbst gecharterten Segelbooten. Mach am besten das Quiz auf S. 44, um herausfinden, welcher Kreuzfahrt-Typ du bist.

2 INFORMIERE DICH BEI VERSCHIEDENEN ANBIETERN

So wie beim Kauf von Kleidern oder Lebensmitteln solltest du dich vor dem Buchen deiner Reise gut informieren. Manche Megaschiffe sind auf Familien ausgerichtet, bei anderen steht das Partyerlebnis im Vordergrund, und viele kleinere Schiffe haben sich auf konkrete Zielgruppen spezialisiert. Du solltest dir gut überlegen, in welchem Ambiente du dich am wohlsten fühlst.

3 GEH INS REISEBÜRO

Klingt ziemlich altmodisch, oder? Aber eine Kreuzfahrt ist nicht wie andere Reisen, bei denen man unterwegs umdisponieren kann, wenn es Probleme gibt. Ein Reiseberater kann sich für dich schlaumachen und verschiedene Angebote vergleichen, bevor du an Bord gehst. Kreuzfahrtneulinge sollten sich deshalb im Reisebüro darüber informieren, welche Schiffe, Anbieter und Routen am besten zu ihnen passen.

4 ES MUSS KEINE TRADITIONELLE KREUZFAHRT SEIN

Auf einer Kreuzfahrt muss es nicht unbedingt ein riesiges Salatbüfett und eine Mitternachtspolonaise geben. Du kannst zum Beispiel bei einer wissenschaftlichen Expedition oder auf einem Frachter mitfahren – oder sogar über Airbnb ein eigenes Boot mieten! Es gibt auch Themenkreuzfahrten aller Art, von Electronic-Dance-Events bis zu Kochkursen auf hoher See. Was immer du dir erträumst, es wird vermutlich angeboten.

5 FANGE FRÜH AN

Wenn du gern planst und nicht auf Last-minute-Rabatte aus bist, dann beginne zeitig mit den Vorbereitungen, vor allem für eine Reise in der Hochsaison. Schau dir die Zeitplanung auf S. 35 an, um herauszufinden, wie du deine Kreuzfahrterfahrung optimieren kannst, indem du schon Monate vor der Reise alles ins Rollen bringst.

6 · DU BRAUCHST KEINE SCHICKE KABINE

Solange du nicht vorhast, während einer Atlantiküberfahrt eine Woche lang aufs Meer zu blicken, brauchst du nicht die luxuriöseste Kabine. Selbst für reine Seetage gibt es an Bord (sowohl im Inneren als auch auf Deck) jede Menge Gemeinschaftsbereiche, in denen man sich aufhalten kann. Entscheide dich lieber für etwas Bescheidenes auf einem neuen Schiff, statt viel Geld für etwas Schickes auf einem älteren auszugeben.

7 · BUCHE DEINE EIGENEN AUSFLÜGE

Plane im Voraus, um das meiste aus jedem Zwischenhalt herauszuholen. Wenn du dich beim Landgang für die Do-it-yourself-Variante entscheidest, informiere dich über die Entfernungen vom Hafen zu den Sehenswürdigkeiten. So bist du zur Abfahrt des Schiffs rechtzeitig zurück und wirst nicht von Taxifahrern übers Ohr gehauen. Finde neue Freunde an Bord, mit denen du dir die Ausflugskosten teilen kannst.

8 · DENKE AN DIE NACHHALTIGKEIT

Es ist wichtig, sich über die Folgen unserer Reisen Gedanken zu machen, vor allem in abgelegenen Ecken der Welt. Frage deinen Anbieter nach Initiativen zu Recycling und Müllvermeidung an Bord. Erkundige dich auch, ob er in den angesteuerten Häfen die Wirtschaft vor Ort unterstützt. Bei einigen Anbietern gibt es sogar die Möglichkeit, den Landgang mit einem Freiwilligeneinsatz in lokalen Projekten zu verbinden.

9 · BIETE DER SEEKRANKHEIT DIE STIRN

Seekrankheit kann jede Reise verderben. Wenn du schnell seekrank wirst, ist eine Kreuzfahrt durch ruhige Gewässer, die von Land umgeben sind, besser als eine mit vielen Tagen auf offenem Meer (wie eine Antlantikuberquerung oder eine Reise zu den Polen). Bringe dein bevorzugtes Medikament gegen Seekrankheit mit und buche eine Kabine in einer tiefer liegenden Etage in der Schiffsmitte.

10 · VERLÄNGERE DEINEN TRIP

Überlege dir, ob du vielleicht vor oder nach deiner Seereise ein paar Tage an Land dranhängen möchtest. Mit zusätzlichen Urlaubstagen kannst du Regionen, in denen du noch nie gewesen bist, besser kennenlernen. Eine solche Verlängerung kannst du entweder beim Kreuzfahrtanbieter buchen oder selbst organisieren.

SO GEHT KREUZFAHRT!

AN BORD GESUND BLEIBEN

Übelkeit vorbeugen

Wer beim Schaukeln der Wellen schnell grün um die Nase wird, sollte sich folgende Tipps von Dr. Benjamin Shore durchlesen, dem leitenden medizinischen Berater bei Royal Caribbean:

● Tabletten gegen Seekrankheit

Frage in der Apotheke nach Medikamenten gegen Seekrankheit. Aber Vorsicht: Viele Medikamente machen benommen, wenn man zusätzlich Alkohol trinkt!

Dr. Shore: „Seekrankheit wird oft mit Antihistaminika behandelt, die jedoch schläfrig machen und viele Nebenwirkungen haben."

● Transdermales Pflaster

Transdermale Pflaster müssen schon acht bis zwölf Stunden vor der Reise auf bewegter See in der Nackengegend unters Ohr geklebt werden.

Dr. Shore: „Jedes Pflaster wirkt etwa drei Tage lang. Allerdings bringt es Begleiterscheinungen wie einen trockenen Mund oder Schläfrigkeit mit sich, gelegentlich auch seltene, aber ernste Nebenwirkungen wie innere Unruhe oder Verwirrtheit. Reisende müssen außerdem vorsichtig sein, wenn sie das Pflaster anfassen, damit der Wirkstoff nicht ins Auge gelangt und zu erweiterten

Pupillen führt. Solche Pflaster sind nur dann wirksam, wenn sie vor dem Auftreten der ersten Symptome aufgeklebt werden."

● Natürliche Heilmittel

Ingwer ist ein gebräuchliches Mittel gegen Seekrankheit und kann in der Form von Tee, Bonbons oder Dragees eingenommen werden. Manchen Passagieren helfen auch Cracker oder grüne Äpfel. Wieder anderen tun bestimmte Gerüche gut.

Dr. Shore: „Als natürliches Gegenmittel wird oft Ingwer genannt. Bei manchen Menschen sind auch verschiedene Aromen effektiv. Wenn man bereits die ersten Symptome der Seekrankheit spürt, können trockene Cracker helfen. Ein merkwürdiges, aber einfaches Gegenmittel ist die Druckerschwärze von Zeitungen. Ich weiß nicht, warum das so gut funktioniert, aber der Geruch scheint das Gefühl von Übelkeit wirklich zu verringern."

● Akupressur-Armbänder

Eine weiteres Mittel sind Stoffarmbänder mit einer kleinen eingenähten Plastikkugel, die am Akupressurpunkt Nei-Kuan auf die Adern an der weichen Innenseite des Handgelenks drückt (z. B. Sea-Band). Diese Technik stammt aus der Traditionellen Chinesischen Medizin – der Druck auf diese bestimmte Stelle

soll Magenschmerzen und Übelkeit lindern.

● Achtsamkeit und Meditation

Manche Menschen besiegen die Seekrankheit durch Meditation und Achtsamkeit, vor allem, wenn man dafür an Deck geht. Es hilft, tief durchzuatmen, sich auf die Schönheit der Natur zu konzentrieren, ein Mantra zu wiederholen oder sich irgendeine Tätigkeit zu suchen. Insgesamt ist es vermutlich die Kombination aus verschiedenen Maßnahmen, die zum Erfolg führt.

● Wahl des Schiffs

Wenn du weißt, dass du schnell seekrank wirst, dann wähle eine Kreuzfahrtroute mit Durchgangspassagen oder eine Flussfahrt. Wenn es doch das offene Meer sein muss, liegen größere Schiffe ruhiger im Wasser. Versuche, eine Kabine in der Mitte des Schiffs und auf einem der unteren Decks zu buchen, hier ist das Schaukeln geringer. Es mag zwar unlogisch klingen, aber wenn du spürst, dass dir übel wird, solltest du dich nicht in deiner Kajüte verkriechen, weil das die Sache nur noch schlimmer macht. Lass dir stattdessen auf dem Deck den Wind um die Ohren wehen, um deine Körperkerntemperatur zu senken. Frische Luft und der Blick auf den Horizont können helfen, dass es dir wieder besser geht.

Obwohl von Zeit zu Zeit Ausbrüche des Norovirus oder der Legionärskrankheit an Bord Schlagzeilen machen, sind Kreuzfahrtschiffe sehr hygienisch und verfügen über ausgeklügelte Systeme, um mögliche Infektionen zu verhindern oder einzudämmen. Wenn Krankheiten ausbrechen, dann hat sie meistens ein bereits infizierter Passagier aufs Schiff gebracht. Es kommt uns nur so vor, als ob es oft gesundheitliche Probleme an Bord gäbe, weil Kreuzfahrtanbieter jede Magen-Darm-Krankheit melden müssen. Was kann man aber unternehmen, um das Risiko einer Erkrankung zu verhindern? Benutze an Bord häufig die Desinfektionssprays für die Hände und bringe Medikamente gegen Magenprobleme mit.

Dr. Shore: „Häufiges Händewaschen ist die besten Vorsorge gegen eine Magen-Darm-Grippe. Außerdem ist es wichtig, genug zu trinken. Bei Unwohlsein sollte man in der Bord-Krankenstation vorbeischauen und den Anweisungen des Arztes folgen. Bleibe in deiner Kabine, bis es dir wieder besser geht, damit du die anderen Passagiere nicht ansteckst."

PACKE DEINEN KOFFER

Einer der größten Vorteile einer Kreuzfahrt ist, dass du beim Packen kein ausgeklügeltes System brauchst, schließlich musst du an Bord nicht aus dem Koffer leben. Du hast deine Sachen alle in der Kabine und verstaust sie dort im Schrank und in den Schubladen. Befolge unsere Ratschläge, und es kann losgehen!

SCHMUCKES GEPÄCK IST UNNÖTIG

Überlegst du, dir ein schickes Gepäckstück mit tausend Reißverschlüssen und unzähligen Staufächern zuzulegen? Lass es bleiben! Du brauchst keinen Koffer, der seinen astronomischen Preis mit ergonomischem Design rechtfertigt, weil du ihn auf dem Schiff ja sofort auspacken wirst.

CHECK DIE WEBSEITE

Bevor auch nur eine einzige Socke in deinen Koffer wandert, solltest du die Webseite des Reiseveranstalters besuchen und aufmerksam die vorgeschlagene Packliste studieren. Wenn der Anbieter deines arktischen Abenteuers kostenlos wasserfeste Stiefel und gefütterte Anoraks zur Verfügung stellt, dann musst

du dafür nicht deinen eingeschränkten Platz vergeuden. Der Leitfaden des Veranstalters basiert auf Tausenden von Reisen und enthält alle entscheidenden Informationen, die du zum effektiven Packen brauchst.

STOFFTASCHE ODER TURNBEUTEL

Das klingt fast zu offensichtlich, aber für Landgänge oder Tage auf dem Schiff brauchst du eine leichte Tasche, um deinen ganzen Kram mitzunehmen (Sonnencreme, Fotoapparat, Strandlektüre etc.). Und es wäre doch ärgerlich, wenn du dafür extra eine über-

teuerte Tasche im Souvenirladen kaufen müsstest.

MACH DICH SCHICK

Kleider machen Leute. Männer sollten ein Jackett und Frauen ein schickes Kleid mit an Bord nehmen – es ist schön, wenn man sich für das Kapitänsdinner oder andere besondere Anlässe ein bisschen herausputzen kann. Wer beim Einchecken elegant gekleidet ist, wird vielleicht sogar in eine bessere Kabine hochgestuft. Mehr als ein schickes Outfit braucht man eigentlich nicht, aber das ist bei einem Rendezvous oder einem besonderen Ausflug Gold wert.

HANDGEPÄCK IST TRUMPF

Du fliegst nach Barcelona, wo deine Kreuzfahrt startet, dein eingecheckter Koffer landet aber in Marseille. Nimm auf Flügen besser nur Handgepäck mit, um solche Pannen zu vermeiden. Ein kleineres Gepäckstück bedeutet natürlich weniger Kleidung, aber durch kluges Packen kann man problemlos Klamotten für eine Woche kaltes oder zwei Wochen warmes Wetter darin unterbringen. Wenn es unbedingt ein großer Koffer sein muss, packe

die wichtigsten Utensilien in eine kleine Reisetasche und nimm diese mit in das Flugzeug.

HEBE DICH VON DER MASSE AB

Wer einen schwarzen Koffer hat, bitte mal die Hand heben. Du warst wahrscheinlich dabei, oder? Natürlich ist schwarz immer schick – es kann aber auch zu Verwechslungen führen. Stell dir den Gepäckraum eines riesigen Schiffs mit 6000 schwarzen Koffern vor – da greift man schnell nach dem falschen. Mach deinen Koffer mit einem besonderen Kennzeichen, etwa einem bunten Bändchen, unverwechselbar. Klebe einen „Zerbrechlich"-Aufkleber drauf, damit dein Gepäck nicht unnötig durch die Gegend geworfen wird.

BASICS FÜRS HANDGEPÄCK

Pass, Kreditkarte, Fotoapparat, Handy-Ladegerät, Adapter, Tablet etc. solltest du auf der Anreise immer bei dir tragen.

Kleidung für zwei Tage
Wenn dein Koffer es nicht aufs Schiff schafft, wirst du ihn bis zum Ende des Urlaubs nicht wiedersehen. Mit einer vielseitig einsetzbaren Hose (oder einem entsprechenden Kleid), Badezeug, zwei Garnituren Unterwäsche und zwei Oberteilen bist du auf alles vorbereitet.

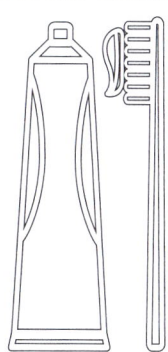

Kosmetik-Basics
Nimm eine Reisezahnbürste und Miniversionen von Deo, Sonnencreme und Handdesinfektionsmittel mit, außerdem natürlich alle nötigen Medikamente.

SO GEHT KREUZFAHRT!

ETIKETTE AN BORD

Fünf Regeln, mit denen du dich auf dem Schiff von deiner besten Seite zeigst.

1. Du sollst dich beim Landgang rücksichtsvoll benehmen. Du bist auf Reisen eine Art Botschafter deines Landes oder deiner Stadt. Zeige dich also respektvoll, sei neugierig, aber freundlich. Und informiere dich im Voraus über lokale Gepflogenheiten sowie kulturelle Do's und Dont's.

2. Du sollst dich nicht wie zu Hause benehmen. Auf einer Kreuzfahrt sind private und öffentliche Bereiche klar voneinander getrennt, also verhalte

dich in den öffentlichen Räumen auch entsprechend und nimm auf die anderen Passagiere Rücksicht. Bei Kreuzfahrten geht es darum, sich wohlzufühlen, aber nicht auf Kosten anderer.

3. Du sollst dich als respektvolles Publikum erweisen. Wenn es auf deinem Schiff ein Unterhaltungsprogramm gibt – Musicals, Comedy, Livebands oder wissenschaftliche Vorträge –, dann benimm dich den Künstlern gegenüber so, wie du es an Land auch tun würdest. Nur weil die Unterhaltung an Bord „umsonst" – also im Preis inbegriffen – ist, darf man sich noch lange nicht rücksichtslos verhalten. Also nicht kommen und gehen, wie es einem passt, und nicht schwatzen.

4. Du sollst Trinkgeld geben. Vielleicht tust du das sogar schon, denn viele Kreuzfahrtanbieter rechnen 15 bis 20 % Trinkgeld in den Preis der Reise mit ein. (Das sollte man am besten vorher klären.) Trinkgeld ist zwar eher ein westliches Konzept, aber gerade Crewmitglieder in weniger wohlhabenden Ländern

verdienen nicht viel. Über eine Anerkennung für guten Service werden sie sich freuen.

5. Du sollst bei Krankheit in der Kabine bleiben. Der Bordarzt kann dich wegen möglicher Anstectungsgefahr in deine Kabine schicken. Wenn dich Magenprobleme oder Halsschmerzen plagen, dann sei wenigstens so nett und vermeide den Kontakt zu den restlichen Passagieren – auch sie möchten ihren verdienten Urlaub genießen. Falls du seekrank wirst und dich übergeben musst, suche dafür eine Toilette auf oder kehre in deine Kabine zurück.

ES IST EIN SCHIFF

ALPHA!

OSCAR!

ECHO!

FACHSPRACHE

Lerne die Seemannssprache, allerdings ohne Fluchwörter.

Schiff oder Boot?
Ein Schiff ist groß genug, um ein Boot zu transportieren, und ein Boot klein genug, um von einem Schiff transportiert zu werden.

GRUNDWORTSCHATZ
Was man vor der Reise wissen sollte.
Heck Hinterer Teil eines Schiffs
Bug Vorderer Teil eines Schiffs

Brücke Kommandozentrale, von der aus das Schiff gesteuert wird
Tiefgang Wie tief das Schiff im Wasser liegt
Kombüse Schiffsküche
Knoten Geschwindigkeitsmaß (etwa 1,85 km pro Stunde)
Seenotrettungsübung Einfinden an den Musterstationen, um die Abläufe bei einem Notfall zu üben
Musterstation Sammelstelle, an der sich Passagiere und Crewmitglieder nach Aufforderung einfinden müssen
Backbord Linke Seite des Schiffs in Fahrtrichtung
Steuerbord Rechte

Seite des Schiffs in Fahrtrichtung
Tender Kleines Wasserfahrzeug, mit dem die Passagiere vom Schiff ans Ufer gebracht werden
Luv Dem Wind zugewandte Seite des Schiffs
Lee Vom Wind abgewandte Seite des Schiffs

GEHEIME CODES
Was die Schiffscrew lieber verheimlichen würde!
Alpha Medizinischer Notfall
Bravo Feuer
Charlie Sicherheitsbedrohung
Orange Möglicher Ausbruch des Norovirus

Echo Möglicher Schaden am Schiff (durch eine Kollision oder starken Wind)
Kilo Crew zu den Musterstationen
Oscar Mann über Bord
Zulu Auseinandersetzung zwischen Passagieren

ZULU!

SO GEHT KREUZFAHRT!

LANDGANG

Ausflüge an Land fallen grob in drei Kategorien: Sightseeing, Kulturelles und Aktivitäten. Das Angebot variiert vom privaten Reiseführer bis zur Massenveranstaltung im 50-Personen-Bus.

Das Tolle dabei ist, dass man zwischen vielen unterschiedlichen Arten von Ausflügen wählen kann. Man könnte dieselbe Kreuzfahrt zweimal machen und völlig andere Eindrücke mit nach Hause nehmen, solange man sich für andere Ausflüge entschieden hat.

Bei großen Schiffen mit Schwerpunkt auf Entspannung kann man oft wählen, ob man sich an den Strand legen, Sport machen (etwa Fallschirmsegeln oder Tauchen) oder einen Ausflug zu interessanten Stätten (zum Beispiel Maya-Ruinen) unternehmen will. Bei kleineren Schiffen mit Schwerpunkt auf Expeditionen (etwa von Oceanwide Expeditions) sind die Ausflüge im Gesamtpreis meist schon inbegriffen. Mittelgroße Schiffe, deren Anlauforte eher kulturell interessant sind, haben für gewöhnlich jede Menge Aktivitäten an Land im Angebot, die man zubuchen kann. Für Passagiere, die lieber an Bord bleiben wollen, bieten sie aber nicht allzu viele

Im Uhrzeigersinn von links: auf Erkundungstour in Venedig, Santo Domingo in der Abenddämmerung, Stärkung in einem Wiener Kaffeehaus

Freizeitmöglichkeiten. Deshalb ist es wichtig, seine Landgänge im Voraus zu planen.

Ein paar Tipps von Tony Carne, Geschäftsleiter von Urban Adventures (www.urbanadventures.com): „Wer früh genug plant, kann private oder sogar persönlich zugeschnittene Touren für denselben Preis buchen, den er auf dem Schiff für einen Ausflug mit einer ganzen Busladung Touristen bezahlen würde. Es gibt viele seriöse unabhängige Anbieter, die am Hafen Passagiere für maßgeschneiderte Ausflüge abholen – sie warten vor dem Landeterminal. Man sollte allerdings sichergehen, dass sie für den Transport von Personen auch versichert sind.

Wer einen lokalen Reiseführer wählt, unterstützt damit die Wirtschaft vor Ort. Wer stattdessen lieber auf eigene Faust losziehen will, sollte den öffentlichen Nahverkehr nutzen – mit S-Bahn oder Straßenbahn sieht man viel mehr von der Stadt als aus dem Fenster eines Reisebusses."

TONY CARNES INSIDERTIPPS

Miami: Probiere die kubanische Küche oder mach einen Salsakurs, statt am Strand zu liegen.
Venedig: Überquere den Canale Grande und nimm Cicchetti zum Aperitif, statt dich durch die Massen zu drängen.
Wien: Schenk dir die Museen und setze dich in ein Wiener Kaffeehaus.
Santo Domingo: Besuche eine Rumbrennerei oder einen Schokolade-Kurs, statt zerfallende Sehenswürdigkeiten anzuschauen.
Kreta: Genieße die kretische Küche, statt durch Iraklio zu laufen.

Sechs Dinge, die du bei einem Ausflug dabeihaben solltest
1. Ein kleines mobiles Ladegerät fürs Handy.
2. Einen Zettel mit der Adresse des Hafens, falls du dich verläufst.
3. Ein Handy, mit dem du international telefonieren kannst.
4. Etwas Bargeld in lokaler Währung.
5. Eine leichte Tasche für deine Sachen und Souvenirs.
6. Eine volle Wasserflasche, vor allem in Häfen ohne Trinkwasser.

SO GEHT KREUZFAHRT!

ÜBERS SCHiff HiNAUSDENKEN

Dein Urlaub muss sich nicht auf die Route der Kreuzfahrt beschränken.
Überlege dir, deine Reise vor oder nach der Zeit an Bord zu verlängern.

CRUiSETOURS

Vielleicht möchtest du deinen Kreuzfahrturlaub länger genießen und kommst deshalb ein bisschen früher am Hafen an oder bleibst am Ende noch ein paar Tage. Viele Kreuzfahrtveranstalter haben besondere Angebote mit Hotels vor Ort ausgehandelt. Manche bieten sogar auf den Kunden zugeschnittene Arrangements (Cruisetours) an, die das Beste aus Kreuzfahrt und Festlandtourismus miteinander verbinden. Vielleicht willst du kein komplettes Paket kaufen, aber planst vor den Galapagosinseln ein Wochenende in Quito, möchtest deine Mittelmeerfahrt mit ein paar Tagen Barcelona einläuten oder vor deiner Alaska-Tour Seattle kennenlernen. Kontaktiere deshalb vorsichtshalber den Veranstalter (oder deinen Ansprechpartner im Reisebüro). Es kann gut sein, dass es Vergünstigungen wie Rabatte bei Unterkünften, Essensgutscheine oder kostenlosen Transport gibt.

5 ZiELE FÜR KREUZFAHRTVERLÄNGERUNGEN

1. Kanadische Rocky Mountains Hänge eine Woche in Banff und Whistler an deine Alaska-Kreuzfahrt an.
2. Japans Tempelstädte Umsegle die Insel und entdecke dann Japans verborgene Schreine.
3. Irlands Inland Folge dem Ring of Kerry, nachdem du die Küste vom Wasser aus genossen hast.

4. Perus untergegangene Reiche Ein starker Kontrast zu der südamerikanischen Küste sind die Ruinen des Inkareiches hoch oben in den Anden.
5. Australiens Outback Fahre in Sydney in den beeindruckendsten Stadthafen der Welt ein und erlebe dann im Red Centre die Einsamkeit der roten Wüste.

ORGANISIERE EIGENE ZWISCHENSTOPPS

Wenn du nur die Kreuzfahrt gebucht hast (ohne Hotels oder Flüge), kannst du davor oder danach leicht andere Elemente hinzufügen. Betrachte deine Reise am besten als ein Ganzes, weil du die einmalige Gelegenheit haben wirst, von den Häfen aus wichtige Sehenswürdigkeiten anzusteuern. Wenn die Kreuzfahrt das Herzstück deiner Reise ist, dann wähle die Daten entsprechend und lege sie in die Mitte deiner Ferien. Plane Zug- oder Flugreisen besser für die Zeit danach, damit du keine Angst haben musst, wegen einer Verspätung das Schiff zu verpassen. In den meisten Häfen gibt es viele Transportmöglichkeiten für eine problemlose Weiterreise. Wenn du das ausnutzt, bekommst du zwei Reisen in einer. Vergiss dabei aber nicht, dass du es zum Ende hin vielleicht eher ruhig angehen möchtest, damit du auch entspannt aus dem Urlaub zurückkehrst und nicht gleich den nächsten brauchst, um dich von all der Aktivität zu erholen.

Links: eine Fahrt durch Australiens Northern Territory. Oben: Key Largo liegt nah an Floridas Kreuzfahrthäfen

AUSFLUGSIDEEN AB DEN GROSSEN HÄFEN

PORT EVERGLADES/ MIAMI
Eine 90-minütige Fahrt bringt dich nach Key Largo, wo du in den ruhigen Gewässern des geschützten John-Pennekamp-Korallenriffs schnorcheln kannst.

COZUMEL
Nimm die Fähre zum Festland, wo du in 50 Minuten die Hipster-Hippie-Kommune Tulum erreichst. Hier treffen Sand und Regenwald auf Maya-Ruinen.

BARCELONA
Fahre die Küste entlang bis zum kleinen Ort Sitges, um den Strand ohne die Kreuzfahrtmassen zu genießen.

CIVITAVECCHIA
Besuche das nahe Rom, bevor du an Bord gehst. Oder fahre eine Stunde die Küste hoch zum ruhigeren Städtchen Porto Santo Stefano.

SAINT THOMAS
Fast die ganze Insel Saint John ist ein Nationalpark. Sie liegt eine kurze Fährstrecke entfernt und ist der perfekte Ausflug nach einer Karibik-Kreuzfahrt.

SO GEHT KREUZFAHRT!

INSPIRATION

TOP 10 BEZAHLBARE KREUZFAHRTEN

Im Laufe des Jahres sind die Preise mancher Kreuzfahrtrouten Schwankungen unterworfen. Unsere Tipps helfen dir, ein echtes Schnäppchen zu machen.

REISE AUSSERHALB DER SAISON

Außerhalb der Saison bezahlt man oft nur einen Bruchteil, da sich die Preise auch am Wetter orientieren. Gutes Wetter ist also in der Nebensaison nicht garantiert – bei fünfzigprozentigen Rabatten solltest du diese Möglichkeit aber nicht komplett ausschließen. Vielleicht hast du ja Glück und wirst mit jeder Menge Sonnenschein belohnt. Die billigsten Monate für folgende Kreuzfahrtziele sind:

1. ALASKA
Mai oder September

2. EUROPA
Februar oder März

3. ÖSTLICHE KARIBIK
August

BUCHE ÄLTERE SCHIFFSMODELLE

Kreuzfahrtpassagiere wollen immer das Neuste und Tollste: eine noch größere Kabine, noch coolere Freizeitmöglichkeiten und ein noch moderneres Schiff. Manchmal kann man aber ein echtes Schnäppchen machen, wenn man sich für ein älteres Schiffsmodell entscheidet. Erkundige dich im Reisebüro nach 3- oder 4-tägigen Trips auf einem älteren, kleineren Schiff zu einem dieser Reiseziele:

4. BAHAMAS

5. MEXIKO

6. WESTLICHE KARIBIK

7. KUBA

REPOSITIONING-FAHRTEN

Kreuzfahrtanbieter verlegen ihre Schiffe im Laufe des Jahres, da an verschiedenen Orten zu unterschiedlichen Zeiten Hochsaison ist. Um die Kosten dieser Überführungsfahrten so gering wie möglich zu halten, nehmen sie Passagiere mit an Bord. Die Preise sind auf Repositioning-Fahrten niedriger, weil es mehr Tage auf See und weniger Stopps an Land gibt. Drei typische Überführungsfahrten sind:

8. KARIBIK–EUROPA
über den Atlantik

9. ALASKA–KALIFORNIEN
entlang der kanadischen und amerikanischen Westküste

10. KALIFORNIEN–FLORIDA
durch Zentralamerika und den Panamakanal

Auf S. 30 findest du Tipps, wie du deine Kosten kalkulierst.

Im Uhrzeigersinn von links oben: der Kölner Dom am Rhein, Fahrt durch den Panamakanal, ein Oldtimer auf Kuba, Meerestiere in der Karibik

SO GEHT KREUZFAHRT!

TOP 10 STRAND-KREUZFAHRTEN

Tauche ein ins einladende Wasser dieser zauberhaften Strände.

Links: Bungalows auf
Bora Bora. Rechts: weiße
Häuser auf Santorin

1 GESELLSCHAFTS-INSELN

Gibt es schönere Strände auf Erden? Die leicht zugängliche Insel Moorea lockt mit weichem Sand, Huahine wirkt wunderbar wild und unberührt, während Bora Bora mit Wasser von einem geradezu übernatürlich leuchtenden Blau auftrumpft. Buche eine Paul-Gauguin-Kreuzfahrt, um die Region eingehender zu erkunden.

2 TURKS- UND CAICOS-INSELN

Dieses Archipel aus 40 Koralleninseln bietet einige der schönsten Strände der Karibik. Kreuzfahrtschiffe steuern normalerweise den Governor's Beach auf Grand Turk Island mit seinem kristallklaren Wasser und weißen Sand an.

3 ARUBA

In der Meeresidylle von Aruba wähnt man sich in einem Traum. Arashi Beach ist ideal zum Schnorcheln, in Mangel Halto kann man einen Blick auf ein Mangroven-Ökosystem werfen, und Eagle Beach verzaubert mit makellos weißem Sand.

4 RIVIERA MAYA

Die mexikanische Halbinsel Yucatán bietet nicht nur paradiesische Strände, sondern auch leckeres Essen und Maya-Tempel. Cozumel, Tulum und Playa del Carmen haben je ihren eigenen Reiz und liegen alle am Meer.

5 GRIECHENLAND

Auf den vulkanischen griechischen Inseln mit ihren strahlend weißen Dörfchen gibt es unendlich viele Strände, manche vor atemberaubender Kulisse. Kristallklares Wasser, ruhige Buchten und der Hauch der Geschichte verleihen Sonnenbad und Schwimmen hier einen ganz besonderen Touch, egal ob auf Santorin, Korfu, Kreta oder Mykonos, um nur ein paar der Inseln zu nennen. Hochsaison ist im Sommer, und die große Anzahl möglicher Reiserouten bedeutet, dass für jeden Geschmack etwas dabei ist. Lasst uns darauf mit einem Ouzo anstoßen!

**Links: Tulum an
der Riviera Maya**

9) VANUATU

Vanuatus Champagne Beach wird dich in die luxuriöse Feierstimmung versetzen, die der Name bereits ankündigt. Die telegene Insel war sogar schon mal Schauplatz der amerikanischen Fernsehsendung *Survivor*.

6) BRASILIEN

Kein Wunder, dass Brasilianer das Strandleben vergöttern, sie haben schließlich eine der längsten und reizvollsten Küsten der Welt. Hier gibt es einfach alles, von den versteckten Fernando-de-Noronha-Inseln bis zum perfekten Halbkreis des Lopes-Mendes-Strandes auf der Ilha Grande in der Nähe von Rio.

7) KANAREN

Für Nordeuropäer sind die Kanarischen Inseln eines der beliebtesten Reiseziele. Hier findet man mehrere Anlaufhäfen, Natur-Resorts, Dünen, Surfmöglichkeiten und zahlreiche zauberhafte Strände. Manche sind abgelegener als andere, aber jeden zeichnet sein ganz eigener Charme aus. Zudem herrscht hier normalerweise das ganze Jahr über warmes und sonniges Wetter.

8) SEYCHELLEN

Diese Inselgruppe im Indischen Ozean vor der Küste Ostafrikas bietet Puderzucker-Strände und Naturschutzgebiete mit unzähligen einheimischen Tierarten. Kreuzfahrten hierher finden meist auf kleinen Luxusjachten statt. Man kann aber auch mit örtlichen Fähren von Insel zu Insel fahren. Wenn du von den immer gleichen Badeorten genug hast, ist dieses exotische Reiseziel eine spannende Alternative.

10) INDONESIEN

Bali, Java, Komodo und Sumatra: Allein diese Namen beschwören Bilder von einsamen Stränden und Tempelruinen herauf. Bali ist häufiger Zwischenstopp auf asiatischen oder australischen Kreuzfahrtrouten.

DIE WEBSEITE SEAHUB.COM hat über 1,8 Millionen Instagram-Posts zum Thema Kreuzfahrt analysiert und ist zu dem Schluss gekommen, dass die beliebtesten Ziele die Bahamas, Florida und die östliche Karibik sind. Lobend erwähnt wurden auch Griechenland, Kroatien, Australien, Kalifornien und Mexiko.

SO GEHT KREUZFAHRT!

TOP 10 PANORAMA-KREUZFAHRTEN

Diese malerischen Reiseziele versprechen die schönsten Postkartenlandschaften.

2 NEUSEELAND

Die Südinsel Neuseelands ist bekannt für die atemberaubende Natur. Am besten kann man sie im Fiordland-Nationalpark bestaunen. Viele *Herr-der-Ringe*-Fans kommen hierher, um die Landschaften zu sehen, in denen Peter Jackson seine Filme gedreht hat. Ein Highlight ist zweifelsohne ein Ausflug zum Milford Sound.

3 ARKTIS

Am nördlichen Polarkreis haken viele an einem einzigen Tag drei Punkte ihrer Sightseeing-Liste ab: Nordlichter, Eisbären und Eisberge. An der Ostküste Grönlands kann man Buchten und Siedlungen besichtigen, die erst vor hundert Jahren von europäischen Forschern entdeckt wurden.

1 NORWEGEN

Man findet auf der ganzen Welt kaum etwas Beeindruckenderes als die Fjorde, die sich tief in die norwegische Küste hineinfräsen. Überall sieht man Höhlen, die vor Urzeiten von Gletschern ausgehöhlt wurden. Je weiter nördlich man fährt, desto spektakulärer wird die Landschaft.

4 SÜD-GEORGIEN

Die Insel Südgeorgien ist ein riesiger Tummelplatz für Seehunde und Pinguine. Sie bietet Besuchern eines der spannendsten Safarierlebnisse auf Erden. Den Anblick von mehr als 300 000 Königspinguinen am Ufer vergisst man nicht so schnell wieder.

5 HAWAII

Der fünfzigste Bundesstaat der USA bietet unzählige Fotomotive. Kreuzfahrtpassagiere bekommen zu Gesicht, was vom Land her unerreichbar bleibt, zum Beispiel die Na-Pali-Küste auf Kauai, deren Bergkamm aussieht wie ein Dinosaurier-Rücken.

Im Uhrzeigersinn von links oben: Norwegens beeindruckende Fjorde, die Na-Pali-Küste, Eisbären in der Arktis

6) HALONG-BUCHT

Nur wenige Orte ziehen einen derart in ihren Bann – und erzielen so viele Instagram-Likes – wie Vietnams berühmte Ansammlung von Kalksteinfelsen, die aus dem Ozean aufragen wie springende Wale. Alte Teakholzschunken tragen mit ihren flatternden Segeln noch zusätzlich zur Dramatik der Szenerie bei.

7) KROATIEN

Die Dalmatinische Küste ist ein kleines Juwel an der Adria, mit schroffen Felsen, Pinienwäldern und unberührten Stränden. Die historischen Städte der Region sind noch nicht von Touristen überlaufen und bieten so majestätische Blicke aufs Wasser, dass man dahinschmelzen möchte.

8) FARÖER

Ein Hingucker im Nordatlantik: Mit ihren winzigen Dörfern inmitten von sanften Hügeln bieten die Färöer eine Landschaft von unfassbarer Schönheit. Ihre Abgeschiedenheit macht die einsamen Inseln erst recht besonders.

9) MARQUESAS- INSELN

Am Rande der Inselgruppe von Französisch-Polynesien mit ihren flachen Atollen ragen plötzlich die Marquesas aus dem Ozean in den Himmel. Diese Inseln voller dschungelbewachsener vulkanischer Felsformationen sind nur dünn besiedelt, aber kulturell interessant. Sie zeigen eine Südsee längst vergangener Zeiten.

10) ST. PETERSBURG

Ostsee-Kreuzfahrten sparen sich das Highlight üblicherweise bis zum Schluss auf: das kuppelgeschmückte St. Petersburg. Hier ragen Zwiebeltürme in den Himmel, und leuchtend bunte Paläste und Kanäle lockern die Reihen prächtiger Wohnblocks auf. St. Petersburg ist eine russische Stadt mit europäischem Flair, die niemanden kaltlässt.

Im Uhrzeigersinn von links oben: Felsen in der Halong-Bucht, Papageientaucher auf den Färöern, Erlöserkirche in St. Petersburg, Promenade an der Dalmatinischen Küste

SO GEHT KREUZFAHRT!

TOP 5 FÜR DEN NACHWUCHS

Auf jedem großen Schiff gibt es Kinderunterhaltung mit Bastelstunde. Familien sollten aber eine Kreuzfahrt wählen, auf der auch an Land etwas für die Kleinen geboten wird.

1) BAHAMAS

Wenn ihr irgendwo in der Nähe von Paradise Island anlegt, solltet ihr euch sofort auf den Weg nach Atlantis machen, wo der riesige Wasserpark Aquaventure mit Wasserrutschen, Aquarien oder Klettergerüsten Kinderspaß garantiert.

2) SAINT THOMAS

Vermutlich bietet keine Karibikinsel mehr Aktivitäten als Saint Thomas. Probiert es doch mal mit Seilrutschen oder Fallschirmsegeln oder fahrt mit der Gondel nach Paradise Point. Wer ein wenig Abwechslung von der täglichen Bade-Routine sucht, kann in einigen Hotels Tageskarten für den Pool kaufen.

3) TAURANGA

Neuseelands Bay-of-Plenty-Region hält für jeden etwas bereit. *Herr-der-Ringe*-Fans freuen sich bestimmt auf das Filmset von Hobbingen in Tauranga, aber auch die Maori-Dörfer und Stellen mit geothermaler Aktivität in Rotorua sind einen Besuch wert.

Im Uhrzeigersinn von oben: Kreuzfahrthafen von Saint Thomas, Entdeckungen auf Hawaii, Pioneer Park in Fairbanks/Alaska, die Bahamas-Insel Paradise Island

Gegenüberliegende Seite von links: Passau an der Donau, Strand in Mexiko

4) HAWAII

Stürzt euch an den Stränden der Aloha-Inseln in die Wellen, schnorchelt mit Schildkröten oder besucht einen Surfkurs. Kulturell interessierten Kids bringen einheimische Botschafter die lokalen Bräuche näher.

5) ALASKA

Alaska bietet unzählige Möglichkeiten für Action. Die Kreuzfahrten mit Megaschiffen ziehen so viele Familien an, dass die Reisen oft speziell auf sie ausgerichtet sind. Und die zerklüftete eisbedeckte Küste finden Passagiere jeden Alters beeindruckend.

TOP 5 KURZ-KREUZFAHRTEN

Du hast Lust, in See zu stechen, aber keine Zeit für eine Ozeanüberquerung? Mit Kreuzfahrten, die nur 2, 3 oder 4 Nächte dauern, kannst du von verschiedenen Häfen aus an einem langen Wochenende Meeresluft schnuppern.

1 BERMUDA

Bermuda ist von der amerikanischen Ostküste aus leicht zu erreichen. Ein kurzer Abstecher vor dem verführerischen Hintergrund türkisblauen Wassers mit allen Annehmlichkeiten an Bord, von Comedyshows bis Spielcasino.

2 DONAU

Eine verkürzte Version der klassischen Donau-Flussfahrt, die nur 4 Tage dauert, holt am meisten aus den angesteuerten Zielorten heraus. Neben Wien und Budapest wird auch in kleineren Städten Halt gemacht. Diese Route ist ideal für Wochenendreisende, die sich über verschiedene Aussichten (und Länder) vor dem Bullauge freuen.

3 MEXIKO

Es kommt einem so vor, als bestünde die ganze Riviera Maya aus einem einzigen langen Sandstrand. Auf einer 3-tägigen Tour entlang der Küste kannst du dich tagsüber für einen Tauchgang in den Neoprenanzug zwängen und abends köstliche Tacos essen.

4 SYDNEY BIS MELBOURNE

Statt auf der staubigen Autobahn zwischen Australiens zwei größten Städten zu fahren, kannst du einfach ein Wochenende lang an der Küste vorbeigleiten. Am Ufer entdeckst du kleine Buchten, einsame Strände und beeindruckende Felswände, nur ab und zu triffst du inmitten der Einöde auf ein kleines Städtchen.

5 NIRGENDWO

Ja, du hast richtig gelesen. Manchmal ist das Reiseziel gar nicht so wichtig, weil es schon reicht, einfach mal rauszukommen. Ein paar Tage auf See mit Swimmingpool und jeder Menge Unterhaltung können sich anfühlen wie ein Wochenende in Las Vegas.

TOP 5 LGBTQ

Veranstalter wie Atlantis oder Olivia bieten spezielle LGBTQ-Kreuzfahrten an. Informiere dich auch bei der International Gay & Lesbian Travel Association (www.iglta.org). Hier sind fünf Häfen, in denen die Regenbogenflagge flattert.

1) KEY WEST

Das Motto auf Key West lautet „One Human Family". Die Insel ist schon lange dafür bekannt, alle offen und herzlich willkommen zu heißen.

2) MYKONOS

Mit seiner einzigartigen einladenden und freundlichen Kultur steht Mykonos zuoberst auf der Liste vieler LGBTQ-Reisender.

3) LISSABON

Lissabon hat nicht nur während der jährlichen Pride-Parade eine lebendige LGBTQ-Szene, sondern das ganze Jahr über, sowohl an den Stränden als auch in den Bars und Clubs von Chiado, Bairro Alto und Principe Real.

4) PUERTO VALLARTA

Im sogenannten „mexikanischen San Francisco" gibt es einen engagierten LGBTQ-Geschäfts- und Tourismusverband. Der Ort hat eine lange Geschichte als schwulenfreundlichstes Reiseziel Mexikos und ein reges Nachtleben.

Oben: der Hafen von Mykonos. Ganz rechts: Feiernde beim Mardi Gras in Sydney. Links: auf einen Drink in Key West

5) SYDNEY

Sydney ist wegen seines jährlichen Schwulen- und Lesben-Festivals Mardi Gras weltberühmt und hat eine alteingesessene und vielfältige Szene.

EHE FÜR ALLE

Die Ehe für alle ist auf Malta seit 2017 legal. Deshalb kann auf den Reisen von Celebrity Cruises, deren Schiffe unter maltesischer Flagge fahren, eine rechtlich anerkannte gleichgeschlechtliche Hochzeit gefeiert werden.

GOURMET-DESTINATIONEN

Wenn du ein Feinschmecker auf der Suche nach gastronomischen Neuheiten bist, kommst du bei diesen Reisezielen voll auf deine Kosten. Vielleicht ist auch eine Themenkreuzfahrt mit Vorträgen und Kochunterricht an Bord etwas für dich.

- Bordeaux
- Kopenhagen
- Hongkong
- Toscana

TOP 5 KULTUR-KREUZFAHRTEN

Fünf Kreuzfahrten, die deinen kulturellen Horizont erweitern werden.

1. Japan   Kaum ein Land auf diesem Planeten verbindet Tradition und Moderne so gekonnt wie Japan. Das Land der aufgehenden Sonne fesselt Besucher mit seiner Einzigartigkeit und bietet von uralten Tempeln – darunter einige der größten Holzstrukturen auf Erden – bis zu großstädtischen Kreuzungen im Neonlicht einfach alles. Steuere Osaka, Tokio, Nagoya oder Kobe an und erlebe ein Land wie kein anderes.

2. Nil   Manches kommt nie aus der Mode, wie die imposanten Gräber und Pyramiden, die vor Tausenden von Jahren zu Ehren der Pharaonen errichtet wurden. Diese Monumentalbauten haben dem Zahn der Zeit getrotzt und halten weiter dort Wache, wo die gelben Wellen der Wüste auf die fruchtbaren Ufer des Nils treffen. Eine Flusskreuzfahrt bringt dich ganz in die Nähe von Luxor und dem Tal der Könige.

3. Östliches Mittelmeer   Die pulsierenden Handelsrouten über das Mittelmeer haben in den angrenzenden Ländern reiche Mischkulturen entstehen lassen. Ihr Erbe ist noch heute zu spüren und zu sehen. Tempelruinen, Amphitheater, Festungen und Badehäuser, deren Mauern von der warmen Mittelmeersonne gebleicht werden, zeugen von dieser bewegten Zeit.

4. Indien   Genieße das pralle Leben im zweitbevölkerungsreichsten Land der Welt. Die stillen Backwaters in Kerala sind ein wohltuender Kontrast zu den hektischeren Ecken Indiens. Gleite in einem Kettuvallam dahin – einem traditionellen Hausboot, mit dem normalerweise Waren zwischen den Dörfern transportiert werden – und erlebe eine Welt, in der man sich noch keine Gedanken um Instagram-Likes macht.

5. Britische Inseln   Lebe deine *Harry-Potter*-Träume aus und besuche bei einer Kreuzfahrt rund um England, Wales, Schottland und Irland Kathedralen und zerfallene Schlösser. Von Cornwalls langen Sandstränden über die zerklüfteten Felsen der Pembrokeshire Coast bis zu den beeindruckend unwirtlichen Inseln der Äußeren Hebriden ist das Vereinigte Königreich kulturell reich und wunderschön.

SO GEHT KREUZFAHRT!

TOP 10 ABENTEUER-KREUZFAHRTEN

Spüre das Adrenalin auf einer Expedition zu einem dieser spannenden Reiseziele.

 **AMAZONAS**

Der ursprünglichste Regenwald unseres Planeten ist nur über die Nebenflüsse des Amazonas zu erreichen. Bei einer Flusskreuzfahrt entdeckst du einen unbekannten Kosmos mit einer bunten Pflanzenwelt, Singvögeln, Seekühen, verspielten rosafarbenen Delfinen und scheuen Faultieren.

 MYANMAR

Auf einer Flusskreuzfahrt auf dem Irrawaddy zwischen Mandalay und den unzähligen Tempeln von Bagan entdeckst du ein reiches kulturelles Erbe in einer Postkartenlandschaft. Lokale Küche und Kunst runden das Eintauchen in diese fremde Welt ab.

3 BOTSWANA

Der neuste Trend beim Afrikatourismus sind Safaris vom Boot statt vom Jeep aus. Gleite den Chobe entlang und durch das Okavangodelta, um grasende Elefanten, schlafende Löwen oder Aas fressende Hyänen zu beobachten.

4 SPITZBERGEN

Dieses Niemandsland über dem nördlichen Polarkreis gehört zwar zu Norwegen, liegt aber auf halber Strecke zum Nordpol. Ein idealer Anlaufpunkt für Abenteurer, die Lust auf Klettern in Gletscherhöhlen und vieles mehr haben.

5 PATAGONIEN

An der südlichsten Spitze Südamerikas lockt die eindrucksvolle eisige Landschaft Patagoniens mit Schlauchbootausflügen in Fjorden und Walbeobachtungen vom Kajak aus. Mit einer Route, die Kap Hoorn, die Drakestraße und die Magellanstraße passiert, wirst du dich wie ein legendärer Seefahrer aus alter Zeit fühlen.

Links: der Amazonas in Brasilien. Mitte: im Eis von Spitzbergen. Oben: Commerson-Delfine in Patagonien

Gegenüberliegende Seite links: die Baobaballee in Madagaskar. Gegenüberliegende Seite Mitte: Wanderweg auf den Azoren

6 MADAGASKAR

Wegen ihrer Größe (ungefähr wie Frankreich) und unvergleichlichen Artenvielfalt wird diese Insel manchmal als achter Kontinent bezeichnet. Gelegentlich hat man sogar das Gefühl, auf einem anderen Planeten zu sein. Bei einer Kreuzfahrt entlang der Küste siehst du gewaltige Affenbrotbäume (die zu den ältesten Lebewesen der Welt gehören) und unberührte Inselgruppen. Flusskreuzfahrten bringen dich in den Urwald, wo du aus nächster Nähe einheimische Tierarten beobachten kannst.

7 KAMTSCHATKA

Es gibt die unberührte Wildnis – und dann gibt es Kamtschatka, eine riesige Halbinsel in Russlands Fernem Osten. Diese kaum erschlossene Gegend mit ihren dichten Taiga-Kiefernwäldern und schlafenden Vulkanen, die auf dem Pazifischen Feuerring liegen, wird von robusten Forschungsschiffen angesteuert. Vielleicht entdeckst du sogar Braunbären.

8 AUSTRALIEN

Die Bevölkerung Australiens lebt fast ausschließlich in einer Handvoll großer Städte an der Küste. Deshalb sind die wilden, abgeschiedenen Ecken des Landes, zum Beispiel die Küste von Kimberley oder das Ningaloo-Riff, fast unberührt und warten nur darauf, entdeckt zu werden.

9 PITCAIRN

Pitcairn ist eine der abgelegensten bewohnten Inseln der Welt und wurde 1790 von den berüchtigten Meuterern der *Bounty* besiedelt. Etwa 50 ihrer Nachfahren leben heute immer noch dort. Abenteuerlustige Reisende können dieses grüne Fleckchen Erde mitten im Ozean an Bord eines Frachtschiffs erreichen. Man kann aber auch im Rahmen einer Kreuzfahrt in die entlegenen Regionen des Pazifiks einen Tag lang an Land gehen.

10 AZOREN

An dieser portugiesischen Inselgruppe wird bei vielen Atlantiküberquerungen ein Zwischenhalt eingelegt. Die neun grünen Inseln entstanden vor Millionen von Jahren durch heftige vulkanische Aktivität. Die reiche azorische Kultur, die traditionelle iberische Küche und der Wein sind weitere Anreize für einen Besuch.

TOP 5 TAUCHSPOTS

Auf diesen Tauchsafaris wirst du dich wie Cousteau fühlen.

1. RAJA AMPAT UND KOMODO, INDONESIEN
Trotz jahreszeitlicher Schwankungen zwei der zuverlässigsten Tauchgebiete der Welt.

2. MALEDIVEN
Verbinde eine Fahrt auf einem kleinen Kreuzfahrtschiff mit Tauchgängen rund um die Atolle.

3. PALAU
Palaus Tauchspots liegen weit vom Festland entfernt und sind am besten von Bord aus zu erreichen.

4. KOKOS-INSEL, COSTA RICA
Tauche mit Hunderten von Bogenstirn-Hammerhaien.

5. SIMILAN-INSELN, THAILAND
Ein Nationalpark mit Preisen fürs Backpacker-Budget.

SO GEHT KREUZFAHRT!

TOP 5 ABSEITS AUSGETRETENER PFADE

Filippos Venetopoulos, Leiter der Kreuzfahrtabteilung des Kleingruppen-Reiseveranstalters Intrepid Group, nennt uns seine Tipps für die weltweit besten Routen jenseits des Massentourismus – von Wildtierbeobachtungen bis zu den atemberaubendsten Landschaften.

1 VIETNAM

Flusskreuzfahrten auf dem Mekong sind mittlerweile ziemlich überlaufen. Probiere deshalb eine Fahrt entlang der Küste von Hanoi bis nach Ho-Chi-Minh-Stadt. Dich erwarten Kilometer um Kilometer unberührter Küste und ein Panorama, das sonst nur die Fischer aus der Gegend zu Gesicht bekommen.

Im Uhrzeigersinn von rechts oben: die Seychellen bei Sonnenuntergang, ein Sprung vom Steg auf Kap Verde, der Fluss Senegal

2 GALAPAGOS

Auf den Galapagosinseln zeigt sich die ganze Evolutionsgeschichte in einem Mikrokosmos. Diese weit abgelegenen Eilande sind in den letzten Jahren sehr beliebt geworden, dennoch konnten sie sich ihre wilde Unberührtheit bewahren.

3 WESTAFRIKA

Für Afrikatouristen ist eine Flusskreuzfahrt in Gambia und Senegal eine gute Wahl. Diese Route bietet eine reizvolle Mischung aus Geschichte, Kultur und atemberaubenden Tierbegegnungen. Für Tierfotografen ist die Gegend eine wunderbare Alternative zu Süd- oder Ostafrika und ideal für eine Safari auf dem Wasser statt mit dem Jeep.

4 SEYCHELLEN

Mit ihrer Lage im Indischen Ozean, weit entfernt von Afrikas Ostküste, sind die Seychellen echt abgeschieden. Kreuzfahrtschiffe bringen dich zu traumhaften Stränden, jahrhundertealten

Regenwäldern, sauberen Lagunen, idyllischen Ortschaften und unvergleichlichen Möglichkeiten zur Vogelbeobachtung.

5 KAP VERDE

Dieser bezaubernde vulkanische Inselstaat ist für seine kreolische Kultur bekannt, die aus portugiesischen und afrikanischen Einflüssen entstanden ist. Entspanne dich an einem der endlosen Strände und lausche der lokalen Morna-Musik.

IM AUFWIND

Filippos Venetopoulos hat ein paar Geheimtipps für Reiseziele, die so langsam in Mode kommen.
- Costa Rica
- Panama
- Island
- Schwarzes Meer
- Kimberley-Küste, Australien

TOP 5 CHARTER-KREUZFAHRTEN

*Ian Pedersen, Segelexperte und Marketingmanager von The Moorings verrät,
zu welchen Zielen du mit einem selbst gecharterten Boot segeln solltest.*

1. Britische Jungferninseln

Die Britischen Jungferninseln sind für den Urlaub mit einer gecharterten Jacht ideal. Die ständig wehenden Passatwinde, die ganzjährig milden Temperaturen, das leicht zu befahrende Wasser und die zahlreichen Naturhäfen locken Segelfans aus der ganzen Welt an. Da es über 60 Inseln zur Auswahl gibt, könnte man jedes Jahr wiederkommen.

2. Kroatien

Kroatien war mal eines der am besten gehüteten Geheimnisse unter Seglern, hat sich in letzter Zeit jedoch dank der spektakulären Landschaft, der einzigartigen Kultur und der exzellenten Küche zu einem der beliebtesten Segelziele gemausert. Vor der Dalmatinischen Küste tummeln sich Hunderte Inseln im Meer, die leicht vom Deck der eigenen Jacht aus erkundet werden können.

3. Griechische Inseln

Die griechischen Inseln stehen auf der Wunschliste der meisten Reisenden ganz oben – ein Tagesausflug mit der Fähre reicht da einfach nicht. Starte in Athen und lass dich von Tempeln, Ruinen und Dörfern an Berghängen auf eine Reise in die Vergangenheit entführen. An Bord eines Segelschiffs kannst du die Schönheit und Atmosphäre des Mittelmeers am besten genießen.

4. Französisch-Polynesien

Französisch-Polynesien ist eines der exotischsten Ziele für einen Bootsurlaub, ein wahres Seglerparadies. Vergiss die Bungalows auf Bora Bora – wirklich kennenlernen kann man die Region nur per Boot. Auch die weniger bekannten Gesellschaftsinseln wie Raiatea, Tahaa und Huahine, die vor Jahrhunderten von mutigen Seefahrern besiedelt wurden, sollte man nicht links liegen lassen.

5. Inseln über dem Winde

Von Martinique bis Grenada Hunderte von Inseln! Ihre Schönheit übertrifft einfach alles. Allerdings sind auch die Anforderungen an die Segler höher. Es handelt sich um die einzige Empfehlung dieser Liste mit Strecken auf offenem Meer. Die unbekannteren Inseln Bequia und Carriacou sowie die Tobago Cays versprechen unberührte Natur an Land wie unter Wasser.

Auf S. 36 findest du alles, was du wissen musst, um ein eigenes Schiff zu chartern.

SO GEHT KREUZFAHRT!

WÄHLE DEINE
REISE

ÜBERLEBENSTIPP

DEKORIERE DEINE KABINE AUF LÄNGEREN FAHRTEN MIT GEGEN-STÄNDEN VON ZU HAUSE, STARTE EIN KREATIVES PROJEKT ODER NIMM DIR DEIN LIEBLINGS-ESSEN MIT.

Praktisches

 Southampton, UK; Sydney, Australien; New York, Fort Lauderdale, USA

🧳 Packe eine kombinierbare Basis-garderobe ein, ergänzt um Kleidungs-stücke für Ausflüge ins Eis, tropische Strände oder Galadiners. Nimm von deiner Lieblings-Kosmetik einen vier-monatigen Vorrat mit.

📅 Die meisten ganzen Weltumrundungen beginnen im Januar, inzwischen legen einige Schiffe aber auch von März bis Mai in Australien ab.

€ € € € €

○ Kultur
○ Essen
　 Entspannung

EINMAL UM DIE WELT

Geh auf die Reise deines Lebens! Nur ein paar wenige Schiffe umrunden den ganzen Planeten, aber Hunderte befahren zumindest eine Teilstrecke. Egal, wie lange du unterwegs bist, du wirst abgelegene Ziele wie die Osterinseln, Grönland, den Südpazifik, St. Helena oder Madagaskar erleben.

Normale Kreuzfahrten sind nur eine kurze Sommer-liebe, Reisen rund um den Globus jedoch eine längere Verpflichtung. Der offene Ozean und viel Zeit zum Lesen oder Entspannen an der frischen Luft – klingt das für dich nach einem tollen Abenteuer? Wenn ja, dann ist eine Weltreise genau das Richtige für dich.

Weltumrundungen beginnen und enden im selben oder zu-mindest in zwei nah beieinander-liegenden Häfen und dauern für gewöhnlich 90 bis 100 Tage, bei einigen wenigen Anbietern auch

150 Tage (oder mehr). Es wird in mindestens 25 Häfen Halt gemacht, manchmal sogar in 30, 40 oder 50. Normalerweise besucht man etwa ein Dutzend große, beliebte Städte wie San Francisco, Singapur, Kapstadt oder Mumbai, darüber hinaus ein weiteres Dutzend weniger be-kannte Ziele von den Seychellen oder Montenegro bis zu den Pitcairninseln.

Die meisten Passagiere auf einer Weltumrundung sind alte Kreuzfahrt-Hasen und erwarten deshalb nur das Beste vom Besten. Da eine Weltreise bis zur

© ALLY SHERMAN / SILVERSEA

SO GEHT KREUZFAHRT!

Tage dauern. Dabei werden zwei oder drei Regionen bereist, zum Beispiel Australasien und der Südpazifik oder Südamerika und die Antarktis. Auf einer Teilumrundung verspürt man dasselbe Gefühl von offenem Meer und spannenden Abenteuern, muss aber nicht so viel Zeit und Geld investieren.

Es gibt noch ein paar andere, unkonventionelle Möglichkeiten, auf einem Schiff um die Welt zu reisen. Zum Beispiel eine Überführungsfahrt („Repositioning"). Wenn ein Kreuzfahrtschiff, das im Sommer in Europa stationiert ist, für den Winter nach Südamerika gebracht wird, füllt der Veranstalter oft zu stark vergünstigten Preisen die Kabinen. In 15 bis 25 Tagen werden dabei etwa zwei bis

Hälfte aus Seetagen bestehen kann, liegt der Schwerpunkt stärker auf dem Bord-Erlebnis als bei anderen Kreuzfahrten, zum Beispiel auf Freizeitaktivitäten, gehobener Küche, Spa und Wellness, Broadway-Unterhaltung oder Spielcasinos. Oft machen Redner und Experten die Passagiere mit der Kultur, der Landschaft und der Geschichte des nächsten Ziels vertraut. Das

Ambiente unterscheidet sich wie bei normalen Kreuzfahrten je nach Schiff und Anbieter, von leger bis vornehm und elegant.

Bei den längeren Strecken liegen die Preise im fünfstelligen Bereich. Was viele aber nicht wissen: Man kann auch nur einen kleinen Abschnitt einer Weltreise buchen. Einige Veranstalter bieten Teilrouten oder Ozeanüberquerungen an, die 10 bis 15

Im Uhrzeigersinn von oben: die Moai auf den Osterinseln, ein Brillenpinguin in Kapstadt, Tasiilaq auf Grönland

SEMESTER AT SEA

Diese schwimmende Universität ist seit 1963 je ein Semester lang unterwegs – im Herbst von Westen nach Osten, im Frühling in die umgekehrte Richtung. Lerne am Dienstag im Bord-Klassenraum etwas über Buddhismus und triff dich am Mittwoch in Kioto mit Mönchen. Die 600 Hochschulstudenten stammen aus aller Welt, man muss aber nicht an der Uni eingeschrieben sein, um mitfahren zu dürfen. Jedes Semester sind etwa 25 bis 30 ältere Passagiere mit dabei. Auch sie sind in den Vorlesungen willkommen.

CUNARD LINE

Cunard Line hat 1923 als erste Reederei überhaupt Weltumrundungen per Schiff angeboten. Die berühmten Luxusdampfer *Queen Elizabeth*, *Queen Mary 2* und *Queen Victoria* umrunden auch heute noch jedes Jahr den Erdball. Mit ausladenden geschwungenen Treppen, der nostalgischen Art-déco-Inneneinrichtung und Theatern mit privaten Logen ist jedes Schiff eine Grande Dame.

AZAMARA CLUB CRUISES

Azamara Club Cruises ist relativ neu in der Weltumrundungsszene. Die opulenten Schiffe fahren von Sydney über Südostasien und das Mittelmeer bis nach London. Auf ihrer Route liegen einige der elegantesten Veranstaltungen der Welt, vom Filmfestival in Cannes bis zum Großen Preis von Monaco.

Erlebe magische Momente

Werde im Kokosnuss-BH von der Landratte zum Seebären. Kein Witz! Wenn man zum ersten Mal den Äquator quert, muss man sich diesem traditionellen Initiationsritus unterziehen. Oft muss auch ein Fisch geküsst werden! Den frischgebackenen Seeleuten wird danach eine Urkunde überreicht.

—

Weltumrundungen folgen dem guten Wetter und verweilen deshalb gern wochenlang in den Tropen. Genieße deinen Schlummertrunk an Deck und betrachte den endlosen Sonnenuntergang in Orange- und Rosatönen.

—

Durch die Schleusen des Panamakanals zu fahren, ist eine einmalige Erfahrung. Dieses Wunderwerk der Ingenieurskunst, das den Atlantik mit dem Pazifik verbindet und mehr als zehn Jahre lang im Bau war, beeindruckt selbst die Abgebrühtesten.

HIGHLIGHT

Eine Reise um die Welt haben nur wenige unternommen. Gelungen ist sie zum ersten Mal Magellan mit seiner *Victoria* im Jahr 1521. Heute werden zwar weitaus mehr Annehmlichkeiten geboten, doch einer der schönsten Aspekte ist nach wie vor die Romantik dieses ältesten aller Fortbewegungsmittel – ein echtes Kontrastprogramm zur rasanten modernen Zeit. Überlege dir, für die Daheimgebliebenen ein Reisetagebuch zu schreiben, zu fotografieren oder dich an ein kreatives Projekt zu wagen.

SO GEHT KREUZFAHRT!

fünf Häfen angelaufen, aber für die Hälfte des Normalpreises.

Ist dir das nicht extrem genug? Dann buche doch eine Kajüte auf einem Frachter oder Transportschiff – allerdings musst du deine Unterhaltung selbst mitbringen, also einen Reisepartner oder jede Menge Bücher. Es gibt keine Annehmlichkeiten oder Aktivitäten an Bord und kaum Mitreisende, aber dafür ist es ein einmaliges Erlebnis, das nur wenige Menschen gehabt haben.

Wenn dir selbst eine Weltumrundung zu kurz ist und du über genügend finanzielle Mittel verfügst, interessiert dich vielleicht das Luxusschiff mit dem passenden Namen *The World*. Es verfügt über 165 Privatwohnungen, von Einzimmerkajüten bis zu Suites mit drei Schlafzimmern und Küche, umrundet ständig die Welt und hält an selten angesteuerten Orten wie der Antarktis oder den Falklandinseln, je nach Wunsch der Wohnungsbesitzer.

FÜR WEN?

Klassische Weltreisen sind etwas für Menschen, die nicht nur viel Zeit, sondern auch viel Geld haben, etwa wohlhabende Rentner oder immer öfter auch Mittelschicht-Pärchen, die ihr Haus verkauft haben, um ständig auf Achse zu sein. Die spezielleren Arten von Weltumrundungen – das Semester auf See, Überführungsfahrten oder Frachtschiffe – ziehen eine junge, abenteuerlustige Klientel an.

Die schönsten Häfen

KAPSTADT

Durch seine Lage nahe am Kap der Guten Hoffnung befindet sich Kapstadt auf der Strecke der meisten Weltreise-Kreuzfahrten. Eine gute Gelegenheit, um nach Tagen auf See ein wenig die Beine zu vertreten. Nimm die Seilbahn oder wage den anspruchsvollen Aufstieg auf den weitläufigen Tafelberg, von dem aus du eine unschlagbare Aussicht auf den Indischen und den Atlantischen Ozean hast (obwohl die Stelle, wo sie tatsächlich aufeinandertreffen, etwas weiter östlich liegt). Als Nächstes kannst du dir an Kapstadts Boulder Beach eine Kolonie Brillenpinguine aus nächster Nähe anschauen oder über 3000 Pflanzenarten im Botanischen Garten Kirstenbosch bewundern, der als einer der besten der Welt gilt.

Links: Kapstadt. Gegenüber: die Skyline von Singapur

18 TAGE

Keine Zeit für eine mehr als 3 Monate dauernde Weltumrundung? In 18 Tagen kannst du
von Sydney nach Singapur oder von Singapur
nach Dubai fahren. Teilstrecken können von
der Länge her leicht angepasst werden.

100 TAGE

Neben den typischen Stopps wie Hongkong, San
Francisco oder Kapstadt werden hier auch schwer
erreichbare Gegenden angefahren. Bei Cunard liegen Mauritius, Réunion und Tonga auf der Strecke,
bei Oceania Yangon oder die Falklandinseln.

ÜBERLEBENSTIPP

WENN DU DIE FÄHRE ÜBER DEN ALASKA MARINE HIGHWAY NIMMST, BEKOMMST DU EINE BUDGET-KREUZFAHRT DURCH DIE INSIDE PASSAGE.

ALASKA

Eine Alaska-Kreuzfahrt zeigt dir die weite, ursprüngliche Wildnis, die früher nur unerschrockenen, gut ausgerüsteten Entdeckern oder Goldsuchern offenstand. Vom Schiffsdeck aus hast du einen unvergesslichen Blick auf kalbende Gletscher, majestätische Berge, seltene Wildtiere und verfallene Goldminen aus der Zeit des Klondike-Goldrauschs.

zerklüfteter. Mehr als 1100 Inseln bilden ein atemberaubendes Netz von Fjorden.

Diesen Seeweg befahren jede Sommersaison etwa eine Million Passagiere. Sie werden belohnt mit einer Aussicht auf die grasende Tierwelt und verstreute abgelegene Dörfer, die von indigener Kunst und sturmversehrten Fischerbooten geziert werden. Ein längerer Abschnitt der Fahrt geht durch den Tongass-Nationalforst mit seinem wilden Potpourri aus Bergen, Gletschern, Seen, Feuchtgebieten und uralten Bäumen. Er ist etwa so groß wie Irland und damit der größte Nationalforst der USA. Die meisten Siedlungen in dieser Gegend werden von amerikanischen Ureinwohnern bewohnt und sind nur per Schiff oder Flugzeug zu erreichen. Abgesehen von Juneau, Anchorage und Fairbanks zählt keine Ortschaft in Alaska mehr als ein paar Tausend Einwohner.

Ketchikan, von Süden kommend der erste Halt in Alaska, ist ein Kreuzfahrtstädtchen mit einer langen Tradition der

Im Uhrzeigersinn von links: Glacier-Bay-Nationalpark, Denali-Nationalpark, Kayakfahrt im Glacier-Bay-Nationalpark

Kreuzfahrtschiffe mit dem Ziel Alaska fahren meist ab Seattle oder Vancouver im Zickzack die sagenumwobene Inside Passage hinauf. Nördlich des 55. Breitengrades schwindet die Zivilisation, und inmitten der dichten Inseln und Meeresstraßen, die das Alexanderarchipel bilden, wird die Landschaft immer

SO GEHT KREUZFAHRT!

Oben: Eisbaden im Glacier-Bay-Natio-nalpark. Rechts: Gletscherwanderung

Lachsfischerei. Hinter einer Reihe von Souvenirläden liegen das Altstadtviertel Creek Street und verschiedene indianische Parks mit der weltgrößten Sammlung von Totempfählen. Jede Menge geschützte kleine Buchten und Meerengen wollen per Kayak erkundet werden. Weiter nördlich befindet sich das raue Wrangell, ein bodenständiger Außenposten, wo es in den Bars nach dem verschütteten Bier von letzter Woche riecht. Das wenig besuchte Petersburg ist ein traditionelles Fischerdorf mit sichtlich

norwegischem Einschlag, und Sitka, die frühere Hauptstadt des russischen Alaskas, zeugt mit seinem weitläufigen Nationalpark von der russischen Geschichte und der Kultur der Tlingit. Im winzigen Haines kann man nistende Weißkopfadler beobachten wie nirgendwo sonst in Nordamerika, und Skagway, in einer stillen Bucht des Lynn Canal gelegen, war das Epizentrum des Klondike-Goldrauschs von 1897. Manche Kreuzfahrtschiffe fahren über den Prinz-William-Sund Richtung Nordwesten nach

Whittier, einem bizarren Stützpunkt aus dem Kalten Krieg.

Viele Reedereien bieten auch Kreuzfahrtverlängerungen an und lassen die Passagiere im Hafen von Seward an Land gehen. Von dort aus fährt die alaskische Bahn nach Anchorage und bis zum Denali-Nationalpark, der sogenannten Serengeti des Nordens. Wenn du Zeit hast, lohnt sich der Landausflug (direkt oder vom Veranstalter gebucht), um das Alaska-Erlebnis zu vertiefen.

PRINCESS CRUISES

Princess ist der größte Kreuzfahrtanbieter Alaskas, mit bis zu acht Luxusschiffen in jeder Saison. Obwohl überall auf der Welt vertreten, gilt Alaska als Spezialität von Princess. Die meisten Schiffe sind ziemlich groß und verwöhnen bis zu 3000 Passagiere mit stilvollem, unprätentiösem Service und einer anständigen Essensauswahl. Auf dem Festland betreibt Princess gehobene Wildnis-Lodges, Züge und Busse. Viele der Pauschalreisen erlauben Kreuzfahrtverlängerungen für Abstecher zum Denali-Nationalpark und nach Fairbanks.

UNCRUISE ADVENTURES

Als Gegenpol zu den großen Anbietern organisiert UnCruise thematische, 7 bis 21 Tage dauernde Kreuzfahrten für 22 bis 86 Passagiere. Der Fokus liegt auf Wildtierbeobachtung, Ausflügen in die Glacier Bay und Aktivitäten wie Stand Up Paddling oder Gletscherwanderungen. Die kleinen Schiffe (oder Jachten) haben moderne, elegante Kabinen, persönlichen Service und einen Natur-Experten an Bord. Sie legen an weniger touristischen Städten wie Wrangell oder Petersburg an. Abfahrt ist meistens in Juneau oder seltener Seattle.

Erlebe magische Momente

Schwebe wie ein Adler mit der Zipline über die Baumkronen von Ketchikan.

—

Mach einen Rundflug über wolkenverhangene Felsen und mächtige Wasserfälle im Naturschutzgebiet Misty Fjords.

—

Beobachte Schwarz- und Braunbären auf Nahrungssuche in ihrem sorgfältig geschützten natürlichen Habitat am Pack Creek, auf Kodiak Island oder im Anan Wildlife Observatory.

—

Besuche einen Rundgang durch den früheren Goldgräber-Stützpunkt in Skagway, begleitet von einem Nationalparkführer.

—

Fahre mit dem Kayak auf dem Sitka Sound zwischen bewaldeten Inseln, Sandbuchten und felsigen Meerengen.

HIGHLIGHT

In Alaska gibt es geschätzte 100 000 Gletscher, auf einem Gebiet von etwa der Größe Belgiens. Die Vergletscherung begann in der Eiszeit, geht aber nach wie vor weiter. Massives Treibeis, wie z. B. vom Hubbard-Gletscher, schabt auf dem Weg zur Küste U-förmige Täler aus und entlässt dann riesige Eisberge in den Ozean. Die Kreuzfahrtschiffe fahren dicht an einige Gletscher heran, aber

für eine coole Naherfahrung springst du besser in Whittier in ein Jetboot oder nimmst den Bus zum Mendenhall Glacier Visitor Center in der Nähe von Juneau, wo du Steigeisen anlegen und an einer geführten Gletscherwanderung teilnehmen kannst.

SO GEHT KREUZFAHRT!

Die meisten Kreuzfahrtrouten befahren die einmaligen Wasser-Highways im Südwesten: das Naturschutzgebiet Misty Fjords, den tiefen Fjord Tracy Arm (die beste Chance, einen kalbenden Gletscher zu sehen) und die himmlische Eislandschaft im Glacier-Bay-Nationalpark, dem „Kronjuwel von Alaskas Kreuzfahrtindustrie". Glacier Bay versinnbildlicht Alaskas rauen Charme: turmhohe Gletscher, springende Wale und gefährlich wilde Landschaften, die einem die eigene Vergänglichkeit vor Augen führen – selbst auf einem komfortablen Kreuzfahrtschiff.

Die schönsten Häfen

JUNEAU

Praktisch jedes Kreuzfahrtschiff hält im gut angebundenen Hafen von Juneau, der trotz der täglichen Touristenflut seinen authentischen Charme am Rande der Wildnis bewahren konnte. An einer Seite von Wasser und an der anderen von steilen grünen Bergen begrenzt, eignet sich Alaskas Hauptstadt bestens als Ausgangspunkt für eine anspruchsvolle Tageswanderung oder einen Paddelausflug. In der kleinen, gut zu Fuß zu erkundenden Innenstadt stehen noch Häuser aus der Goldgräberzeit mit ein paar Bars und Restaurants. Zu den beliebtesten Zielen für Landausflüge gehören die Zipline auf Douglas Island, ein Rundflug zu der Lodge am Taku-Gletscher, die Fahrt mit der Seilbahn auf den Mount Roberts oder eine Busfahrt nach Norden zum kalbenden Mendenhall-Gletscher.

FÜR WEN?

Eine Alaska-Kreuzfahrt ist für jeden Reisetyp eine Attraktion. Wen würden denn diese spektakulären Landschaften nicht bezaubern? Senioren und Familien sind besonders gut vertreten, aber auch alle, die diese ungezähmte Wildnis nur schwer allein erkunden könnten. Kleinere Schiffe wie die von Lindblad Expeditions oder UnCruise Adventures sind für Abenteuerlustige interessant, während die Disney-Flotte ideal für Familien ist. Die größeren Luxus-Anbieter wie Princess Cruises oder Carnival Cruises werden von älteren Paaren und Senioren bevorzugt.

Links: Die Uferpromenade in Ketchikan.
Gegenüber: Blick auf den Mount Denali

7 TAGE

Die kurze Standardroute startet in Seattle oder Vancouver und führt über die Inside Passage via Kanada nach Ketchikan. Praktisch alle großen Linienschiffe halten in den Häfen Ketchikan, Juneau und Skagway und organisieren Tagesausflüge in den Glacier-Bay-Nationalpark. Manche halten auch in Sitka oder im speziell gebauten Kreuzfahrthafen Icy Strait Point.

14 TAGE

Die längeren Einweg-Routen halten an denselben Häfen wie die Rundkreuzfahrten, fahren aber am Hubbard-Gletscher vorbei und weiter nach Whittier zum Rand des Prinz-William-Sunds, bevor sie in Seward enden. Von hier können die Passagiere mit dem Zug weiter nach Anchorage oder zum Denali-Nationalpark, um das wilde Landesinnere Alaskas zu erleben.

SO GEHT KREUZFAHRT!

ÜBERLEBENSTIPP

Im Sommer wird es in diesen Breiten kaum je dunkel; wer seinen wohlverdienten Schlaf braucht, sollte also die Schlafmaske nicht vergessen.

○ Abenteuer
○ Natur
○ Kultur

ARKTIS

Die Hocharktis – endlos, vielfältig, lebendig – bietet Ozeanfans ein mystisches Abenteuer: ungewöhnliche Wildtiere, abwechslungsreiche Landschaft und faszinierende Kulturen. Entdecke die aufregende Seefahrergeschichte des Nordpols, erkunde atemberaubende Naturwunder und beobachte das wimmelnde Leben am Eisrand.

Die Hocharktis erstreckt sich von Russlands Fernem Osten bis zur norwegischen Insel Spitzbergen und Nunavut in Nordkanada. Eine Expeditionskreuzfahrt, sei es auf einem Luxus- oder einem Forschungsschiff, ist die beste Art, um zu entdecken, was die Gegend zu bieten hat.

Die Schiffe fahren um Grönland herum nach Ostkanada oder Island, wobei sie auf Ausschau nach Eisbären oder Walrossen zwischen den Inselgruppen hindurchfahren. Vom Schiffsdeck aus sieht man, wie die Sonne den Horizont umrundet und dabei ihren rosafarbenen Schein auf die schneeweißen Eisberge und das glasklare Meer wirft.

Wenn du gern Wildtiere beobachtest, solltest du auf Spitzbergen, der größten Insel des gleichnamigen Archipels, eine arktische Safari buchen. Im Schatten hoch aufragender Gipfel leben auf Spitzbergen etwa genauso viele Eisbären wie Menschen. Große Eisberge werden vielleicht nicht viele zu sehen sein, aber für Eisbären, Walrosse und Polarfüchse ist der konstante Strom von kleinen Eisschollen perfekt. Wenn das Schiff weiter nach Norden fährt, können auch Blauwale, Grönlandwale und Finnwale gesichtet werden.

Links: Eissturmvögel vor Spitzbergen. Oben: Traditionelle Tracht in Ilulissat, Grönland

SO GEHT KREUZFAHRT!

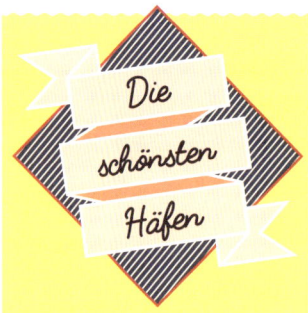

Die schönsten Häfen

Arktishäfen sind zwar Tore zu magischen Polarwelten, aber besonders charmant sind sie meistens nicht. Schöner ist es in diesen Häfen:

BERGEN

Der Hafen von Bergen mit seinen gut erhaltenen bunten Holzhäusern steht als UNESCO-Weltkulturerbe unter Schutz.

HELSINKI

Helsinki besticht mit seiner natürlichen Umgebung und den vielen Parks sowie einer faszinierenden Architektur und aufregenden Gastroszene.

REYKJAVIK

In der nördlichsten Hauptstadt der Welt trifft man auf spektakuläre Designerboutiquen, wildes Nachtleben und eigenwillige, kreative Menschen. Das Thermalfreibad Blaue Lagune ist ein besonderes Highlight.

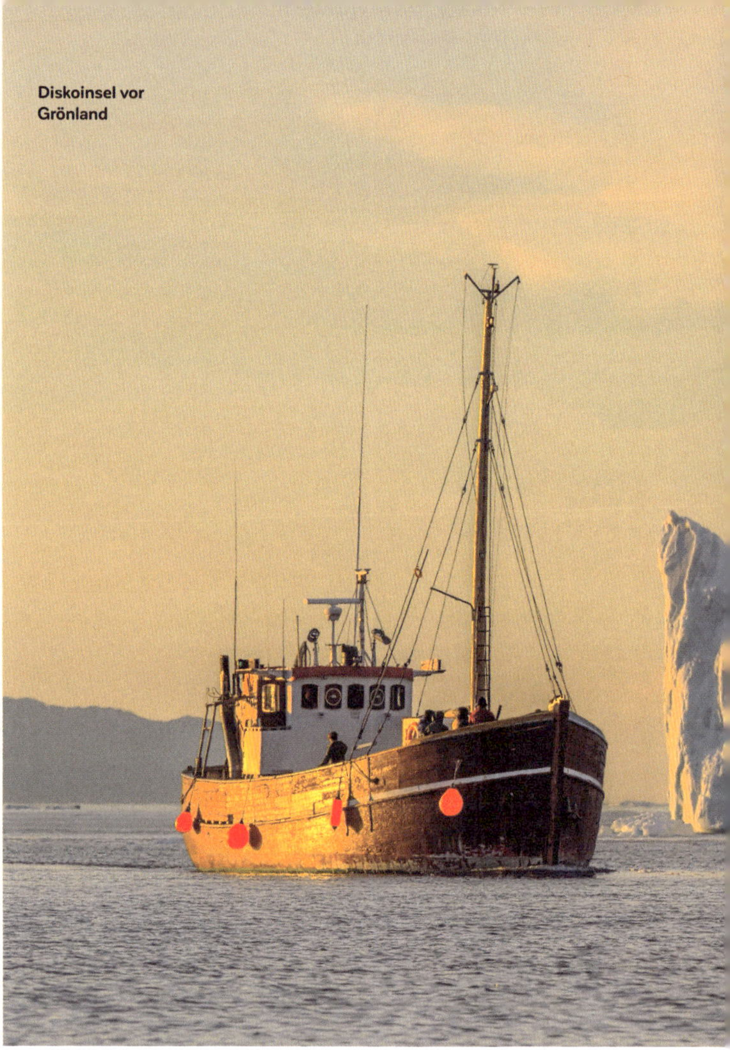

Diskoinsel vor Grönland

HIGHLIGHT

Das Land der Mitternachtssonne enttäuscht nie. Riesen aus funkelndem Alabastereis treiben elegant durch das Wasser. Die Sonne sinkt mitten in der Nacht nicht weiter als bis zum Rand des Horizonts und hüllt alles in rosafarbenen Sonnenschein. In diesen transzendenten Stunden, umgeben von einer unwirtlichen und wilden Landschaft, wird einem die Schönheit, die Gewaltigkeit und die Anmut der Natur vor Augen geführt.

FÜR WEN?

Wildnisfans, Abenteurer und Geschichtsbegeisterte werden bei einer Reise in die Hocharktis nicht aus dem Staunen herauskommen. Jahrhundertelang suchten Entdecker nach Passagen durch das Eis, Arktis-Kreuzfahrten folgen ihren Spuren. Jeder Tag ist voller Wildtierbegegnungen, berückender Naturwunder und faszinierender Kultur. Graziös gleiten Wale am Schiff vorbei, und Eisbären springen von Scholle zu Scholle. Walrossherden lümmeln auf dem Eis und klackern mit den Stoßzähnen, während über ihnen die Meeresvögel ziehen. Fjorde, mächtige Gletscher und felsige Gipfel säumen die Küste, an der winzige, vielfarbige Blumen im Nordsommerlicht blühen.

BESONDERE ANBIETER

LINDBLAD EXPEDITIONS

Die *National Geographic Orion* aus der Flotte von Lindblad Expeditions ist auf Expeditionskreuzfahrten zugeschnitten, die zum Beringmeer und in den Fernen Osten Russlands führen. Sie ist elegant und modern und beherbergt bis zu 106 Passagiere. Mit an Bord sind Naturforscher und Fotografen, die das Abenteuer noch vertiefen.

G ADVENTURES

Die Expeditionsschiffe von G Adventures fahren auf der Suche nach Eisbären zum Archipel Spitzbergen und zur gleichnamigen Insel – und sind etwas erschwinglicher. Wer besonders abenteuerlustig ist, kann sich mit einem Kayak aufs Wasser wagen und durch die Eisschollen kämpfen. An Bord halten Experten Vorträge über die Wildtiere und zur Geschichte der Arktis.

QUARK EXPEDITIONS

Als Spezialist für arktische Abenteuer fährt Quark Expeditions ohne Umschweife zum Nordpol. Alle Schiffe sind für die arktischen Gewässer ausgerüstet; ein Teil der Flotte besteht sogar aus ausrangierten Eisbrechern. Was diesen an Luxus fehlt, machen sie mit brachialer Stärke wieder wett. Viele Schiffe führen Schlauchboote an Bord, mit denen man im eisigen Wasser fahren kann.

Wenn dich die Kultur der Arktis interessiert, dann mach auf einer Reise entlang der Westküste Grönlands Halt in Qeqertarsuaq, einer der ältesten Städte Grönlands. Im beliebten Sisimiut zeigt ein faszinierendes Museum die Lokalkultur und die Geschichte der menschlichen Behausung bis vor 4500 Jahren. In Ilulissat kannst du Unmengen an herr-

SO GEHT KREUZFAHRT!

Erlebe magische Momente

Fahre für einen Blick aus der Orca-Perspektive mit dem Kayak hinaus und paddle inmitten des Packeises herum – das ist mit nichts auf der Welt zu vergleichen.

—

Schnalle die Schneeschuhe an und marschiere übers Eis in die einsame Wildnis – nur das Knirschen unter deinen Füßen ist zu hören.

—

Nimm an einem Fotoseminar in Kombination mit einem längeren Landausflug teil und lass dir von Experten erklären, wie du das beste Foto von einem Eisbären schießt.

lichen Eisbergen bewundern, die am Eisfjord kalben, einem der schnellsten und aktivsten Gletscher der Welt.

Westgrönland ist reich an Kultur, Ostgrönland ist der Traum aller Naturliebhaber: abgeschieden, spektakulär und eisbedeckt. Während sich das Schiff durch Fjorde und Packeis fädelt, funkelt die Sonne auf schroffen Eisbergen und fließenden Gletschern. Oft kombinieren Kreuzfahrten die kanadische Hocharktis und Grönland, um den Passagieren mehr Gelegenheiten zu geben, die faszinierende Wildnis in der Region zu erleben oder etwas über die Kultur der Inuit zu erfahren.

Abgeschiedener ist nur der Ferne Osten Russlands. Hier geht es durch die Beringstraße, die Asien von Amerika trennt und Meeresvögeln und Walen als Zugroute dient. Beim Halt auf der Wrangelinsel kannst du blühende Wildblumen, nistende

Papageientaucher sowie grasende Moschusochsen und Rentiere beobachten. Je nach Zustand des Eises sind auch Eisbären und Walrosse zu sehen. Mit einer Fahrt durch die Nordwestpassage können sich Abenteurer einen Lebenstraum erfüllen. Wenn das Schiff die Verbindung zwischen dem Pazifik und dem Atlantik passiert, gibt es Meeresvögel, Eisbären, Wale und Robben im Überfluss zu sehen. Beim Anblick von Überwinterungsplätzen, Zeremonialstätten und Schiffsfriedhöfen wird einem bewusst, welchen Mut die Entdecker früherer Zeiten bewiesen haben.

Die ultimative Reise ist aber die zum berühmtesten Punkt auf der Polkappe: 90 Grad Nord. An Bord eine riesigen Eisbrechers, der sich durch das dicke, weiße Eis kämpft, gelangt man irgendwann zum geografischen Nordpol, kann über das Eis stapfen und ein Siegerfoto knipsen.

Oben: Eisbär. Rechts: Eiswand am Eqi-Gletscher. Gegenüber: Bergen

14 TAGE

Von Helsinki fliegt man mit dem Charterflug ins russische Murmansk. Am Tag darauf startet die Fahrt nach Norden. Von dort geht es 4 Tage durch die Barentssee mit jeder Menge Walbeobachtungen. Beim Erreichen der Polkappe bricht das Schiff das Packeis weg, sodass man im 24-stündigen Tageslicht Zeit für einen Hubschrauberrundflug hat. Wenn man die Ankunft am Pol gefeiert hat, fährt man weiter nach Süden zum Franz-Josef-Land, wo man Eisbären und andere Wildtiere entdecken kann, die im Nationalpark Russische Arktis ihre Heimat haben. Schließlich geht es über das Meer zurück nach Murmansk und von dort am nächsten Tag per Flugzeug nach Helsinki.

18 TAGE

Am Anfang oder am Ende der Nordpolexpedition sollte man sich ein paar zusätzliche Tage für die Besichtigung der finnischen Hauptstadt Helsinki gönnen. Nach so viel Wildnis kann man sich hier der Zivilisation hingeben, in den zahlreichen schicken Restaurants essen gehen oder in den Designer-Boutiquen shoppen.

ÜBERLEBENSTIPP

VON OKTOBER BIS NOVEMBER UND VON FEBRUAR BIS MÄRZ STEHEN DIE CHANCEN AM BESTEN, UM DIE NORDLICHTER ZU SEHEN UND DIE LANDSCHAFT BEI TAGESLICHT ZU ERLEBEN.

OSTSEE & NORWEGEN

Seit der Ära der Wikinger mit ihren Langschiffen fahren die Skandinavier zur See. Ostsee-Kreuzfahrten vermitteln einen Überblick über diese schöne und kulturell vielfältige Region. Norwegen-Kreuzfahrten entführen in einige der großartigsten Fjorde der Welt und in die indigene Sami-Kultur.

Praktisches

🧳 Für die manchmal eisigen Temperaturen Dreifachschichten einpacken, Thermounterwäsche, warme Stiefel und Mützen. Und Sonnencreme nicht vergessen.

🚩 Stockholm, Schweden; Kopenhagen, Dänemark; Oslo, Norwegen; Sankt Petersburg, Russland

📅 Die Küstenkreuzfahrt vor Norwegen fährt ganzjährig, die Saison für Ostsee-Fahrten dauert von Mai bis September. Von Juni bis einschließlich August herrscht der größte Andrang.

€ € €

○ Kultur
○ Natur
○ Essen

FÜR WEN?

Die meisten Ostsee-Kreuzfahrtschiffe ähneln in Größe und Ausstattung Ozeanschiffen, doch hier kann man ein halbes Dutzend der teuersten Städte der Welt für den Preis einer normalen Kreuzfahrt besuchen. Die Klientel ist meist an Kultur und Geschichte interessiert. Auf den Küstenkreuzfahrten in Norwegen sind Schiffsrouten und Passagiere mehr auf Aktivitäten und Abenteuer aus.

Skandinavien ist gerade sehr angesagt. „Hygge", „lagom" und „lykke" sind in aller Munde, seit langer Zeit herrscht in unseren Wohnungen das erschwingliche moderne Design von Ikea, und in der Restaurantszene sind die Neue Nordische Küche und exotische skandinavische Spirituosen der neuste Trend. Gründe genug, um sich die Region mal anzusehen!

Alle großen Städte im Ostseeraum – Kopenhagen, Stockholm, Helsinki, Tallinn, Riga oder Danzig – liegen direkt am Wasser, sodass man als Reisender jeden Augenblick des durchschnittlich

SO GEHT KREUZFAHRT!

achtstündigen Halts im Hafen maximal ausnutzen kann. Viele Schiffe fahren auch bis ins russische Sankt Petersburg, und die meisten bleiben dort 2 volle Tage (manchmal sogar 3). So spart man sich das teure und aufwendig zu beschaffende Visum für Russland. Generell bieten Ostsee-Kreuzfahrten viele Kostenersparnisse. Die Preise sind zwar mit denen für andere Regionen vergleichbar, aber einige der teuersten Städte der Welt lassen sich auf diese Weise für ein Schnäppchen besichtigen.

Während die Ostsee von ihren kosmopolitischen Städten geprägt wird, ist bei einer Norwegen-Kreuzfahrt das Wasser die Hauptattraktion. Die Schiffe fahren die Westküste Norwegens hinauf, vorbei an rauschenden Wasserfällen, unberührten Fjorden und Bergen, durch enge Wasserstraßen mit großartiger Postkartenlandschaft am Ufer. Im Winter bietet die norwegische Küste eine ganze Reihe von einmaligen Erfahrungen: Du kannst zum Beispiel die Nordlichter erleben, einen Hundeschlitten lenken lernen oder in einem Rentierschlitten mitfahren. Die Kreuzfahrten durch die Fjorde sind entspannter und gleichzeitig abenteuerlicher als die meisten anderen Kreuzfahrten. Von Bord hält man gelassen nach Walen und Wasserfällen Ausschau, und bei den Landausflügen kann man die Wintersportmöglichkeiten

Die schönsten Häfen

HELSINKI

Bei jedem Glücksranking steht Finnland ganz oben. Nach einem Tag in Helsinki versteht man warum. Im Sommer ist die Seefestung Suomenlinna ein grüner Park mit Museen. Weil finnisches Design im Trend ist, sollte man durchs Designmuseum, das Kunstmuseum Kiasma oder ein paar berühmte Designläden bummeln. Entlang des Esplanadi-Parks findet man Glas von Iittala (jeder finnische Haushalt besitzt mindestens eine Schale), Geschirr von Arabia oder Stoffe von Marimekko. Wer Rentierwurst, Salzhering oder Bio-Waldheidelbeeren kosten will, wird in der Markthalle Hakaniemi fündig.

Oben: Die Isaakskathedrale in Sankt Petersburg. Rechts: Smörgåsbord mit Salzhering. Gegenüber: Nyhavn in Kopenhagen

7 TAGE

Eine Ostsee-Kreuzfahrt beginnt üblicherweise in Stockholm, Kopenhagen, Oslo oder Amsterdam und hält in all diesen Städten sowie in Helsinki, Danzig oder Tallinn. Der beliebteste Halt der Reise ist meist Sankt Petersburg. Bei der Norwegen-Kreuzfahrt fährt man in Bergen oder Oslo los und durch die Fjorde an der Westküste hinauf nach Trondheim, Bodø und Tromsø.

14+ TAGE

Bei den längeren Ostsee-Kreuzfahrten werden weiter verstreute Ziele angefahren: Warnemünde, Grönland, Island, Spitzbergen, Nordschottland oder sogar die Faröer. Mehrere Anbieter bleiben drei ganze Nächte in Sankt Petersburg. Manche Kreuzfahrten kombinieren die Ostsee mit den Fjorden an der norwegischen Küste oder fahren ab Großbritannien.

SO GEHT KREUZFAHRT!

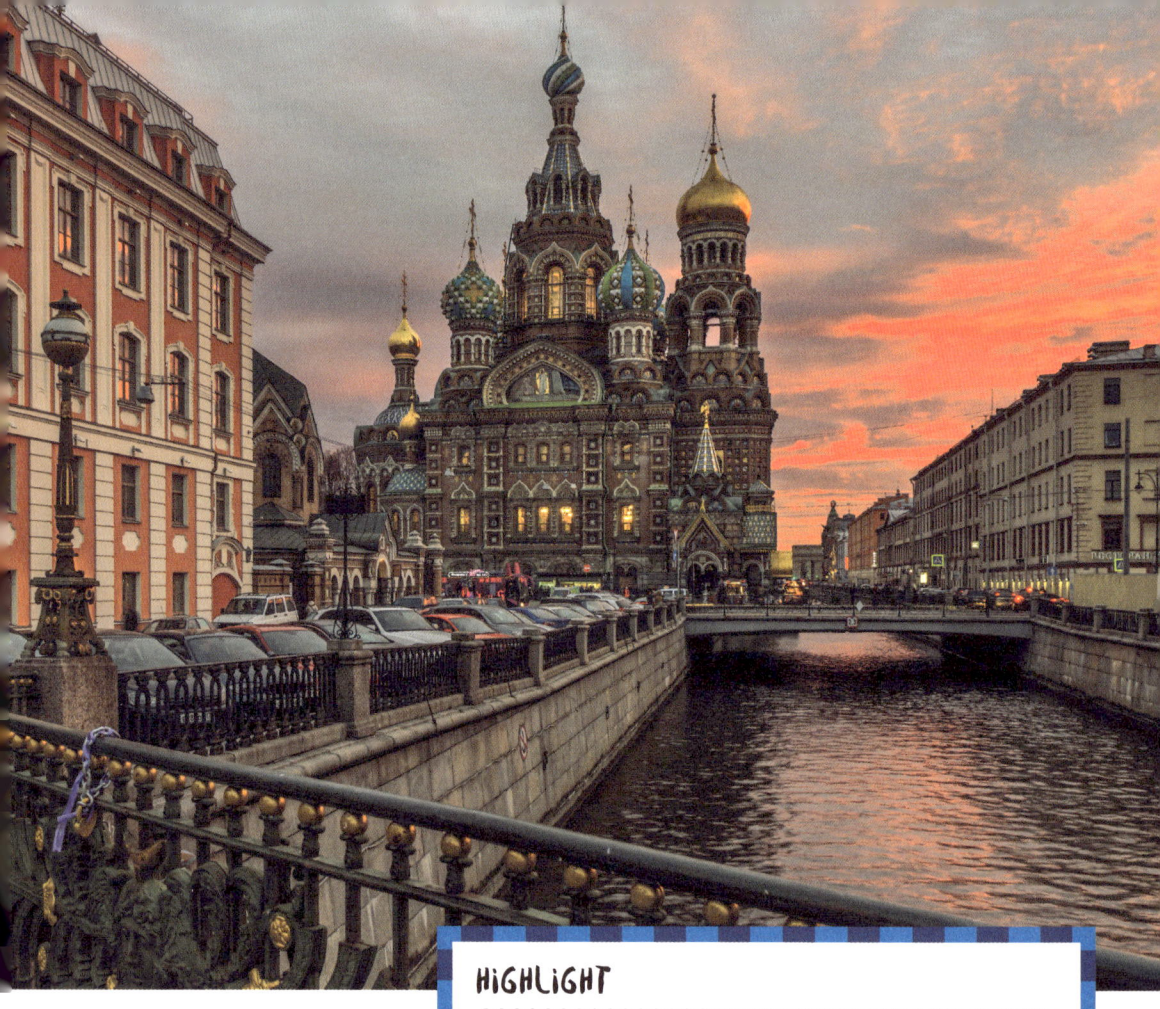

vor Ort zur Genüge auskosten. Außerdem gibt es eine Menge Kultur und Geschichte, von den Sami-Rentierhirten und der Eismeerkathedrale in Tromsø bis zur Jugendstilperle Ålesund und alten Wikingerstätten. Manche Kreuzfahrten machen sogar Halt an einer Eisbar oder für eine Übernachtung in einem Eishotel.

Oben: das goldene Sankt Petersburg. Gegenüber: Nordlichter

HIGHLIGHT

Um nach Russland einzureisen, muss man sich eigentlich ein Visum besorgen, und das ist oft teuer und zeitaufwendig. Eine einfache Möglichkeit, die Visumspflicht zu umgehen, ist eine Kreuzfahrt mit Halt in Sankt Petersburg. Meistens bleiben die Kreuzfahrtschiffe 2 oder sogar 3 volle Tage im Hafen. Schon allein für die Eremitage – die ehemalige Zarenresidenz mit drei Millionen Artefakten und Kunstwerken – braucht man einen ganzen Tag, ganz zu schweigen von den goldenen Schlössern und Palästen, Ballett- und Folkloreaufführungen und prächtigen Kuppelkathedralen. Nicht vergessen: Für diesen Halt auf der Ostsee-Kreuzfahrt muss man eine organisierte Tour buchen, weil man die Stadt sonst nicht betreten darf.

BESONDERE ANBIETER

HOLLAND AMERICA LINE

Das Kreuzfahrt-Schwergewicht Holland America bietet in einer Partnerschaft mit der Zeitschrift *Food & Wine* Landgänge zum Thema Neue Nordische Küche an, zum Beispiel Rundgänge über Stockholms Märkte, Back-kurse für dänisches Rugbrød in Kopenhagen oder einen Besuch in einem finnischen Restaurant, wo Lakritzeis sowie Bären- und Rentierfleisch auf der Speisekarte stehen.

NORWEGIAN CRUISE LINE

Norwegian Cruise Line organisiert jährlich Hunderte Ostsee-Kreuzfahrten zu erschwinglichen Preisen. Die Ostsee ist eines der Spezialgebiete der Reederei. Zahlreiche Bordaktivitäten für Familien sorgen für einen unkomplizierten Urlaub.

HURTIGRUTEN

Hurtigruten war früher eine Postschifflinie und befördert heute (unter anderem mit zwei Hybrid-Schiffen) Fracht, Einheimische und abenteuerlustige Passagiere entlang der norwegischen Westküste. Man überquert den Polarkreis, bestaunt die Nordlichter oder die Mitternachtssonne, fährt Hundeschlitten oder geht Eisfischen. Das „Programm für junge Entdecker" richtet sich an Kinder von 7 bis 13 Jahren.

Erlebe magische Momente

Beobachte nördlich des Polarkreises die Nordlichter (Hurtigruten garantiert auf den 12-tägigen Kreuzfahrten eine Sichtung, sonst gibt es eine 1-wöchige Kreuzfahrt kostenlos).

—

Erlebe im Sommer am Nordkap, dem nördlichsten Punkt des europäischen Festlands, die Mitternachtssonne.

—

Probiere in Norwegen, Schweden oder Finnland eine Hundeschlittenfahrt mit gutmütigen, wenn auch etwas streng riechenden Sibirischen Huskys.

—

Besuche bei einem 2- oder 3-tägigen Aufenthalt im mondänen Sankt Petersburg, der Stadt Peters des Großen, eine Oper oder ein Ballett im Mariinski-Theater.

—

Lerne die indigene Kultur der Sami kennen.

SO GEHT KREUZFAHRT!

ÜBERLEBENSTIPP

VIELE STÄDTE (ETWA FLORENZ, KAIRO ODER ROM) LIEGEN EINE STUNDE ODER MEHR VOM HAFEN ENTFERNT IM INLAND, MAN IST ALSO AUF GRUPPENAUSFLÜGE ANGEWIESEN.

Praktisches

 Neben einem Badean-
zug für die vielen Strände
warme Schichten für kühle
Abende auf dem Meer
einpacken. Für kulturelle
Highlights empfiehlt sich
etwas Schickeres.

Barcelona, Spanien; Civitavecchia (Rom),
Italien; Athen, Griechenland; Istanbul, Türkei

Viele Mittelmeer-Kreuzfahrten fahren (fast) das
ganze Jahr über. Frühling und Herbst sind weniger heiß
und überlaufen als die Hochsaison im Juli und August.

€ € €

○ Abenteuer
○ Natur
○ Kultur

MITTELMEER

Am Mittelmeer häufen sich die Höhepunkte von Istanbul oder Rom bis Südfrankreich oder Spanien. Ob Geschichtsreise, Strandurlaub oder kulinarische Entdeckungstour, ob auf den griechischen Inseln oder in einer Weltstadt – die ganze Region ist ein wahres Highlight.

Perser, Minoer, Griechen oder Phönizier: Allen Kulturen, die hier einst geherrscht hatten, diente das Mittelmeer als Knotenpunkt für Handel, Gewerbe und Eroberung. Man fühlt sich unmittelbar in die Antike zurückversetzt, wenn man den 5300 Jahre alten Tempel von Tarxien auf Malta besichtigt, zur 2500 Jahre alten Akropolis in Athen hochsteigt oder sich im 2050 Jahre alten Kolosseum in Rom wie ein Gladiator vorkommt.

Mittelmeer-Kreuzfahrten steuern einige der kulturell bedeutendsten Reiseziele der Welt an. Viele Schiffe legen in Marokko, Portugal oder Spanien ab (auch die Kanarischen Inseln liegen an einigen Routen), führen zu den südeuropäischen Klassikern wie Frankreich, Italien, Kroatien oder Griechenland, fahren um die geschichtsträchtigen Inseln Korsika, Sardinien, Sizilien oder Malta herum und weiter ins östliche Mittelmeer bis in die Türkei oder nach Israel. Einige Kreuzfahrtrouten machen auch an Zielen in Nordafrika wie Ägypten oder Tunesien (mit Karthago, der Stadt der seefahrenden Phönizier) Halt. Da die Mittelmeerregion relativ kompakt ist, kann man zwei dieser Abschnitte in einer Woche schaffen oder alle vier in zwei Wochen.

**Links: Maltas Festungsstadt
Senglea. Oben: Gaudís Sagrada
Família in Barcelona**

FÜR WEN?

Auf den meisten großen Schiffen gibt es Aktivitäten für Kinder, deshalb sind Mittelmeer-Kreuzfahrten bei Familien sehr beliebt. Viele Landausflüge eignen sich für Reisende mit Mobilitätseinschränkungen, was bei schwer zugänglichen Bergstädten und Pflasterstraßen Gold wert ist. Falls es jemand etwas exklusiver mag, bieten kleinere Schiffe und Abenteuerexkursionen zwar weniger Bordaktivitäten, fahren dafür aber nicht so touristische Reiseziele an.

Wenn du am Strand entspannen, dein Reisepartner aber lieber Sightseeing machen möchte, dann ist eine Mittelmeer-Kreuzfahrt genau das Richtige, denn es wird einfach für jeden etwas geboten: historische Stätten, faszinierende Naturwunder, kulturelle Highlights, unberührte Strände, fantastisches Essen und unglaubliche Architektur. In Barcelona kannst du zum Beispiel Gaudís Sagrada Família besuchen, bevor du im Mercat de la Boqueria katalanische Spezialitäten genießt.

Bei dem riesigen Angebot an Mittelmeer-Kreuzfahrten hat man die Wahl der Qual. Die Optionen reichen von einer Abenteuer-expedition in einem kleinen Boot mit 8 Personen, das um winzige Inseln schippert, über eine 60-Personen-Luxusjacht mit persönlichem Butler bis zu einem schwimmenden Resort für 4000 Menschen mit Wellness-Bereich, Casino und Varietétheatern.

Die Megaschiffe fahren natürlich die großen Städte an: Rom, Venedig, Athen, Barcelona oder Istanbul. Um ein wenig Abwechslung zu bieten, machen einige Anbieter auch in weniger bekannten Häfen Halt, die genauso oder sogar noch faszinierender sind, etwa in Kotor (Montenegro), Haifa (Israel), Split (Kroatien)

Unten: die griechische Insel Zakynthos

BLAUE REISEN

Für junge Reisende auf der Suche nach einem guten Preis ist eine Blaue Reise in die türkische Ägäis das Richtige. In Bodrum, Marmaris oder Fethiye kann man eine All-in-clusive-Fahrt in einem Gulet buchen. Diese traditionellen hölzernen Motorsegler dienen als schwimmende Herbergen und bringen die Passagiere zu traumhaften Badestellen oder etwa zu einer nur per Beiboot erreichbaren Piratenbar.

AIDA SELECTION

Der beliebteste Kreuzfahrt-anbieter im deutschsprachi-gen Raum setzt nun auch auf Slow Cruising. Die kleineren Selection-Schiffe steuern weniger, dafür ausgefallenere Häfen an. Und sie bleiben länger vor Anker, damit die Passagiere die Kultur und die Küche des Zielorts entspannter kennenlernen können. Auf Landausflügen wird etwa eine traditionelle Olivenölfabrik auf Mallorca besucht, oder der Küchenchef nimmt eine Gruppe zum Einkaufen auf dem lokalen Markt mit.

WINDSTAR CRUISES

Mit außergewöhnlichen Reiserouten und einer ge-hobenen, aber entspannten Atmosphäre bietet Windstar sowohl Fahrten auf Jachten als auch auf Großseglern für 150 bis 300 Passagiere an. Der Service an Bord gilt als einer der besten der Branche.

Erlebe magische Momente

Entdecke die Wiegen der westlichen Zivilisation: die Akropolis in Athen, den Parthenon in Rom, Karthago in Tunesien oder Ephesos in der Türkei.

—

Wandle auf der Insel Santorini, deren Kultur bis in die Bronzezeit zurückgeht, zwischen weiß getünchten Mauern und blauen Kuppeln.

—

Erlebe zwei der Blauen Zonen der Welt – Sardinien und Griechenland –, wo die Men-schen besonders alt werden. Liegt es am Stockfisch, am frischgepressten Olivenöl und den frischen Tomatensaucen?

—

Geh in Frankreich auf Trüffel-suche, mach in Italien Pasta selbst oder schlendere über den Gewürzbasar in Istanbul.

HIGHLIGHT

Im Mittelmeerraum dreht sich alles ums Essen: Pesto in Genua, Artischocken alla Romana in Rom, Souvlaki und Baklava in Athen, Simit und Lahmacun in Istanbul, Halva in Haifa oder Pasta ... eigentlich überall in Italien. Nicht ohne Grund gilt mediterranes Essen als überaus gesund (und lecker). Mittelmeer-Kreuzfahrten haben immer mehr interaktive kulinarische Landausflüge im Programm: Ravioli selber machen in Italien, Käseverkostung in Frankreich oder Winzertouren in Portugal. Die meisten Kreuzfahrt-veranstalter servieren an Bord neben internationaler Küche auch mediterrane oder lokale Spezialitäten.

SO GEHT KREUZFAHRT!

oder Ajaccio (Korsika). Da die Sehenswürdigkeiten manchmal eine Stunde oder mehr vom Hafen entfernt im Inland liegen, ist man oft auf Gruppenausflüge angewiesen, so zum Beispiel bei den italienischen Häfen von Neapel (nach Pompeii), Livorno (nach Florenz oder Pisa) oder La Spezia (in die Cinque Terre).

Je kleiner ein Schiff ist, desto höher ist der Preis. Die Reise ist aber dafür individueller und exklusiver. Expeditionsschiffe und Luxusjachten konzentrieren sich oft auf eine kleinräumigere Region, etwa auf die griechischen Inseln, die Adriahäfen in Kroatien und Italien oder Spanien und Marokko.

Oben: Valletta auf Malta. Unten: die Insel Hvar in Kroatien. Gegenüber: Klein-Venedig auf Mykonos

Die schönsten Häfen

ISTANBUL

Bei der Ankunft im Bosporus sieht man bald die Hagia Sophia und die Blaue Moschee. Viele Kreuzfahrten organisieren einen Besuch im Hammam. In einem alten steinernen Badehaus schrubbt eine Badefrau so viel Schmutz weg, dass man sich wie neugeboren fühlt. Doch die Kilos kehren gleich zurück, wenn man süßen Türkischen Honig kostet oder den beliebten Döner Kebap isst. Der Große Basar mit seinem Labyrinth aus Geschäften und Ständen und der Gewürzbasar erinnern an den Handel im Osmanischen Reich; hier kann man ungewöhnliche Souvenirs erstehen. Da viele Schiffe über Nacht in Istanbul halten, hat man zwei volle Tage Zeit für diese wunderbare Stadt. Wenn man mit der öffentlichen Fähre den Bosporus überquert und dabei an einem türkischen Tee nippt, wünscht man sich, die Fahrt würde länger dauern.

7 TAGE

Eine Woche bietet einen aus-
reichenden Überblick über den
Mittelmeerraum. Im westlichen
Teil besucht man Rom, Florenz,
Neapel, Cannes, Mallorca oder
Barcelona. Im östlichen Teil
geht es von Venedig aus nach
Dubrovnik und Kotor und dann
weiter Richtung Griechenland
und Santorini.

12+ TAGE

Längere Kreuzfahrten von bis
zu 2 Wochen müssen sich
nicht auf eine Himmelsrichtung
beschränken, sondern fahren
von Santorini und Athen nach
Sevilla und Marokko, wobei sie
unterwegs an vielen wichtigen
Häfen Halt machen. Kleinere
Luxus- oder Abenteuerschiffe
konzentrieren sich eher auf ein
bestimmtes Gebiet, seien es
die griechischen Inseln oder
die Dalmatinische Küste und
die Adria.

SO GEHT KREUZFAHRT!

ÜBERLEBENSTIPP

STELLE DEN HANDYWECKER, WENN DU DEINE LANDAUSFLÜGE SELBER ORGANISIEREN MÖCHTEST, DAMIT DU RECHTZEITIG ZURÜCK AUF DEM SCHIFF BIST.

KARIBIK

Die Karibik ist das wichtigste Kreuzfahrtziel der Welt und stellt bei den Passagierzahlen alle anderen Regionen in den Schatten. Das ist nicht verwunderlich. Warmes, sonniges Klima, mehr als 30 Häfen, bunte Plazas im Kolonialstil und palmengesäumte Traumstrände. Jede Fahrt in die West-, Ost- oder Südkaribik bietet wieder eigene Attraktionen.

Typische Anlaufhäfen in der Ostkaribik sind die Bahamas, San Juan, Saint Thomas und Sint Maarten, während die Westkaribik-Routen auf Grand Cayman, Jamaika, in der mexikanischen Karibik und manchmal an zentralamerikanischen Zielen wie Belize oder Honduras Halt machen. Südkaribik-Fahrten führen zu den Französischen Antillen und zu den ABC-Inseln, mit Stopps auf Saint-Barthélemy, Guadeloupe, Dominica, Martinique, St. Lucia, Grenada, Bonaire, Curaçao, Aruba und eventuell in Cartagena.

Karibik-Kreuzfahrten starten oft in Florida oder Puerto Rico, auch Abfahrten von New York oder den Bahamas sind möglich. Die Fahrt dauert meistens 5 bis 7 Tage, aber es lassen sich auch längere oder kürzere Routen finden.

Die Westkaribik zeichnet sich durch beeindruckende Maya-Ruinen und fantastische Strände aus. Da große Entfernungen zwischen den Häfen liegen, haben die Passagiere ausgiebig Zeit, an Bord zu entspannen oder Bordaktivitäten und -unterhaltungen zu genießen. Aber wer das weniger mag, sollte sich dennoch nicht abschrecken lassen. Die Landausflüge sind unvergleichlich, mit erstklassigen Besichtigungen von alten Maya-Ruinen wie in Tulum oder Chichén Itzá, mit Ziplining im Dschungel von

**Links: Strandbar auf Barbados.
Oben: Schnorcheln auf den
Turks- und Caicos-Inseln**

SAN JUAN

Puerto Ricos Hauptstadt San Juan ist eine charmante, lebendige Stadt voller Geschichte und kulinarischer Genüsse. Besuche die zum UNESCO-Weltkulturerbe gehörende Festung San Felipe del Morro mit ihren imposanten Wällen und Mauern oder die stimmungsvolle Plaza Colón. Probiere in einem der Restaurants das aus Kochbananen hergestellte Nationalgericht Mofongo.

Yucatán und Tauchen auf der Insel Cozumel, einem der besten Tauchspots der Welt. Außerdem gibt es an den Hafenmärkten hervorragende Einkaufsmöglichkeiten und leckere lokale Spezialitäten. Die Tauchspots und Strände von Belize bleiben ganz bestimmt jedem in Erinnerung, während Grand Cayman mit perfekten Sandstränden und Shoppingelegenheiten lockt.

In der Ostkaribik wird öfter angehalten und somit mehr Zeit an Land verbracht. Die kürzeren Entfernungen zwischen den Stopps bedeuten ein strafferes Programm und weniger Zeit für Entspannung an Deck, was manchen etwas hektisch vorkommen

FÜR WEN?

Karibik-Kreuzfahrten sind ideal für fast alle, von Familien und Flitterwöchlern bis zu Strandliebhabern und Abenteurern. Zu erleben gibt es entspannte Landausflüge oder Besuche von Maya-Ruinen. Bei einer Kreuzfahrt durch das Karibische Meer macht man sich an rosa Sandstränden die Zehen nass und kann ein wenig westindische Kultur kennenlernen.

Routen

4 TAGE

In 4 Tagen schafft man eine Rundreise mit nur einem Hafen als Ziel, zum Beispiel Miami – Cozumel – Miami oder Galveston – Costa Maya – Galveston. Auf einen Tag auf See folgt eine Übernachtung in Cozumel, Playa del Carmen oder Costa Maya. Danach geht es zurück zum Hafen. Kurz, aber oho.

7 TAGE

Eine 7-tägige Fahrt führt von Port Canaveral nach Amber Cove, San Juan, Saint Thomas und Grand Turk, bevor es nach einem letzten karibikblauen Tag zurück in den Ausgangshafen geht.

Gegenüber oben & unten: Arubas Küste; Stadtmauer von San Juan. Oben: San Juans Altstadt; erfrischender Mojito

SO GEHT KREUZFAHRT!

Erlebe magische Momente

Besuche Mount Liamuiga, einen nicht mehr aktiven Vulkan auf St. Kitts, an dessen Hängen eine Vielfalt von Vögeln und Wildtieren lebt.

—

Shopping- und Luxusfans aufgepasst! In Saint-Barthélemy sind die Restaurants und Boutiquen edel und schick.

BESONDERE ANBIETER

DISNEY CRUISE LINE

Die Karibik ist ein beliebtes Urlaubsziel für Familien mit kleinen Kindern, und Disneys Kreuzfahrtgesellschaft weiß genau, wie man dieses Publikum bei Laune hält. Nightlife und Single-Partys sind nicht zu erwarten, aber für Familien, die sonst nach Disney World gefahren wären, ist eine Reise mit Disney ein kleiner Himmel auf Erden.

CARNIVAL CRUISE LINE

Carnival ist auf Kreuzfahrtneulinge ausgerichtet, vor allem auf Passagiere zwischen 20 und 40 Jahren. Es gibt auch einige Bordunterhaltungsmöglichkeiten für Familien und Kinder. Auf den meisten Fahrten herrscht ein ausgelassenes Nachtleben, da die Casinos, Discos und Bars bis in die frühen Morgenstunden geöffnet sind.

PRINCESS CRUISES

Die *Pacific Princess* war der Star der amerikanischen Fernsehserie *The Love Boat* (Vorbild für das deutsche *Traumschiff*), die nach der Erstausstrahlung 1977 einen regelrechten Karibik-Kreuzfahrt-Boom auslöste. Mit Princess Cruises fahren meist erfahrene Passagiere von etwa 30 bis 70 Jahren und viele Familien.

mag. Dabei macht die Ostkaribik gerade wegen des Inselhoppings so viel Spaß, und bei den Anlegehäfen liegen wunderschöne Strände. Allerdings gibt es bei den Landausflügen weniger Abwechslung als in der Westkaribik. Manche Shopping-Standorte stehen denen am Mittelmeer weder in Sachen Luxus noch preislich in nichts nach. Vielleicht findet man nicht so viele Schnäppchen, aber dafür tolle Mitbringsel oder witzige Souvenirs für zu Hause. In relativ kurzer Zeit erlebt man sehr viel und kehrt mit einmaligen Erinnerungen heim.

Kreuzfahrten in der Südkaribik steuern einzigartige Ziele wie

Aruba oder Curaçao an. Und
wenn man möchte, kann man
sogar den südamerikanischen
Kontinent betreten. Interessante
Landausflüge führen etwa zu den
wüstenähnlichen Landschaften
auf Aruba, die mit nichts in der
Region zu vergleichen sind und
so ganz anders aussehen, als
man sich die typische Karibik
vorgestellt hatte.

HIGHLIGHT

Vor Bonaire in der Südkaribik können Taucher eines der schönsten Korallenriffe der Welt erleben. Der Bonaire National Marine
Park steht seit 1979 unter Schutz und bietet eine erstaunliche
Artenvielfalt. Bei manchen Anbietern wie Royal Caribbean kann
man an Bord sogar einen PADI-Tauchschein erwerben. Und in der
Westkaribik? Vor der Küste der mexikanischen Insel Cozumel gibt
es ebenfalls großartige Tauchspots.

SO GEHT KREUZFAHRT!

ÜBERLEBENSTIPP

PLANE EIN PAAR TAGE ZUM ÜBERWINDEN DES JETLAGS EIN, BEVOR DU AN BORD GEHST, SONST VERPASST DU WEGEN MÜDIGKEIT NOCH DIE ERSTE PARTY.

○ Abenteuer
○ Natur
○ Kultur

AUSTRALIEN & NEUSEELAND

Auf einer Kreuzfahrt in Down Under erlebt man auf entspannte, angenehme und kosteneffiziente Art und Weise das Beste von Australien und Neuseeland. Die weiten Strecken in Australien sind an Bord keine Qual, sondern ein Vergnügen, und die bunte Mischung aus Kultur, Abenteuer und Outdoor-Spaß begeistert Reisende jeden Alters.

Hast du eher Lust auf köstliches Essen und Wein, auf Kultur, auf Action und Abenteuer oder auf zauberhafte Landschaften? Egal, in Australien und Neuseeland findest du alles. Die meisten Kreuzfahrtschiffe stechen an Australiens Ostküste in See, wobei Sydney der beliebteste Hafen ist. Dann fahren sie entweder in Richtung Norden an der Küste von Queensland entlang oder nach Süden auf Neuseeland zu. Die Routen sind zwischen 7 und 14 Tage lang, bei einigen Anbietern gibt es aber auch kürzere Trips.

Die meisten Passagiere kommen selbst aus Australien oder Neuseeland, an Bord sind aber viele Nationalitäten vertreten. Während der australischen und neuseeländischen Schulferien überwiegen Familien, ansonsten ist das Alter der Reisenden sehr gemischt. Hier gibt es für jeden das Richtige: familienfreundliche Mainstream-Schiffe, exklusive Fünf-Sterne-Luxusdampfer und alles, was dazwischenliegt. Frag die freundlichen Einheimischen nach Tipps für Unternehmungen und Sehenswürdigkeiten an Land, sie werden dir gerne helfen.

An Australiens Ostküste findest du einige der berühmtesten Highlights des Landes. Geh am Great-Barrier-Riff schnorcheln,

Links: Whitehaven Beach auf den Whitsunday Islands. Oben: eine Maori-Maske in Rotorua

SO GEHT KREUZFAHRT!

Die schönsten Häfen

SYDNEY

Überlege dir, vor oder nach der Kreuzfahrt ein paar Tage in Sydney zu verbringen. Steige auf die Harbour Bridge, um einen Blick auf den Hafen zu werfen, oder lass dich bei einer Tour im berühmten Opernhaus hinter die Kulissen führen. Die Schönheit dieses Gebäudes (und die sich darum rankenden skandalträchtigen Geschichten) kann man auch genießen, wenn man kein Kunstexperte ist. Schlendere durch das Hafenviertel The Rocks und gewinne im Rocks Discovery Museum faszinierende Einblicke in das Sydney von einst. Wenn das Wetter gut ist, gibt es kaum etwas Schöneres als eine Fahrt mit der Fähre raus nach Manly und ein Bad am Manly Beach.

Oben: im Hafen von Sydney kann man bis spät draußen sitzen

entdecke Kängurus und Koalas, segle um die Whitsunday Islands herum oder nimm an einer von einem Ureinwohner geführten Food-Tour im Busch teil. Die Anlaufstellen auf dieser Tour, zum Beispiel Brisbane, Airlie Beach oder Cairns zeichnen sich durch entspanntes Ambiente aus und sind gut zu Fuß zu erkunden. Manche Queensland-Kreuzfahrten steuern auch noch Fraser oder Moreton Island an, zwei der weltweit größten Sandinseln.

Wenn du von einem Ostküstenhafen aus Richtung Süden fährst, steht sicher Melbourne auf dem Programm, das mit eindrucksvoller Street-Art und hippen Cafés besticht. Newcastle hat wunderschöne Stadtstrände und liegt nur 45 Autominuten von Hunter Valley, einem der berühmtesten Weinanbaugebiete Australiens, entfernt.

Wenn deine Kreuzfahrt Tasmanien ansteuert, muss zuerst die Bass-Straße überquert werden. Diese Meerenge sieht auf der Karte nach nicht viel aus, ist allerdings bekannt für ihre beeindruckenden Wellen. In der Tasmansee, die Australien von Neuseeland trennt, ist es ähnlich. Gelegentlich ist die Überfahrt ruhig, meistens geht es aber hoch her. Solange du Medikamente gegen Seekrankheit dabei hast, sollte das jedoch kein Problem sein. In Hobart werden Besucher, die mehr als nur das historische Hafenviertel sehen wollen, mit zeitgenössischer Kunst in der berühmten MONA-Galerie und der Geschichte der Strafkolonie von Port Arthur belohnt.

Neuseeland hat einiges an Naturwundern zu bieten. Deshalb besuchen es auch jedes Jahr 400 000 Kreuzfahrttouristen. Im malerischen Hafen von Akaroa mit seinen französischen Einflüssen gibt es die seltenen Hector-Delfine zu bestaunen.

CELEBRITY CRUISES

Australiens und Neuseelands bestbewertetes Kreuzfahrtschiff, die *Celebrity Solstice*, bietet mit seinen Suiten zeitgemäßen und erschwinglichen Luxus. Mit entspanntem Ambiente trotz außergewöhnlichem Service, hervorragender Gastronomie und einem erstklassigen Kinderprogramm ist eine Celebrity-Reise in vielerlei Hinsicht reizvoll.

CORAL EXPEDITIONS

Coral Expeditions verfügt über kleine Schiffe für bis zu 80 Personen und hat sich auf exklusive Reisen für abenteuerlustige Passagiere spezialisiert, die abgelegenere Ziele erkunden wollen. Für Alleinreisende gibt es auf Kreuzfahrten zum Great-Barrier-Riff keinen Einzelzimmerzuschlag. Auf anderen Routen werden etwa Tasmanien, das Arnhemland oder die wilde Küste von Kimberley angesteuert.

ROYAL CARIBBEAN

Junggebliebene Reisende und Familien vor allem mit etwas älteren Kindern werden sich bei Royal Caribbean wohlfühlen. Actionreiche Freizeitmöglichkeiten wie Surfen im FlowRider-Simulator, Eislaufen, Autoscooter oder Fallschirmspringen sorgen dafür, dass es an Bord nie langweilig wird.

HIGHLIGHT

Bei einer Kreuzfahrt um Australien und Neuseeland jagt ein Naturwunder das nächste. Schnorchle am Great-Barrier-Riff zwischen funkelnden Fischen oder spaziere durch den Daintree-Nationalpark. Bei Port Douglas befindet sich Mossman Gorge, der älteste Regenwald der Welt. Schwimme in Akaroa mit wilden Hector-Delfinen oder sieh dir in Rotorua blubbernden heißen Schlamm an. Lege dich am weißen Sandstrand von Whitehaven Beach in die Sonne oder kühle dich in einem Wasserloch im Litchfield-Nationalpark in der Nähe von Darwin ab. Die prächtigen Wasserfälle, nebligen Fjorde, üppigen Regenwälder und Granitberge in Fiordland sind bei jedem Wetter zauberhaft.

Erlebe magische Momente

Geh am Great-Barrier-Riff schnorcheln oder tauchen.

—

Mach in Napier eine Art-déco-Tour durch die weltweit größte Ansammlung von Gebäuden dieses Stils.

—

Schau dir in einem australischen Wildtierpark Koalas, Kängurus und andere einheimische Tierarten an.

—

Setze dich in ein Waka (Kanu) und paddle zusammen mit einem Maori-Reiseführer übers Wasser, der dir Geschichten über sich, seine Familie und seinen Stamm erzählt.

—

Mach eine Weinprobe und genieße die Landschaft im neuseeländischen Hawke's Bay, in Australiens malerischem Hunter Valley oder der Weinregion Yarra Valley.

SO GEHT KREUZFAHRT!

Und rund um den Milford, den Doubtful und den Dusky Sound, die alle an nur einem Tag angesteuert werden können, warten spektakuläre Landschaften.

Vom Hafen in Tauranga aus erreichst du Rotorua, einen der besten Orte, um Neuseelands Maori-Kultur zu erleben. Hier kannst du außerdem die berühmten Geysire, blubbernde Schlammlöcher und andere geothermale Aktivitäten bestaunen. Steht dir der Sinn mehr nach Action und Nervenkitzel, kannst du eine Rodelbahn herunterfahren oder dich beim Rafting vom weltweit höchsten kommerziell genutzten Wasserfall hinunterstürzen. Und wenn du nach all der Aufregung deine Nerven etwas beruhigen musst, dann bieten die zerklüfteten Berge und prachtvollen Landschaften Neuseelands den perfekten Hintergrund für eine Weinprobe auf einem der zahlreichen ausgezeichneten Weingüter.

FÜR WEN?

Australien und Neuseeland haben wirklich für jeden etwas zu bieten, von Familien über Abenteurer und Naturfreunde bis zu reiferen Reisenden, Sonnenanbetern und Gourmets oder Weinliebhabern. Wer schon mal in Ozeanien war, wird wissen, wie freundlich und entspannt Australier und Neuseeländer sind. Es ist beinahe unmöglich, dem herrlichen Witz, der herzlichen Wärme und der enthusiastischen Art der Menschen in diesem Teil der Welt zu widerstehen. Natürlich gibt es in Australien und Neuseeland unzählige unvergessliche Sehenswürdigkeiten, vor allem aber werden die Begegnungen mit diesen netten Menschen in Erinnerung bleiben.

Routen

7 TAGE

Wer auf eine kurze, aber intensive Erfahrung
aus ist, bucht eine 7-tägige Kreuzfahrt entlang
der Queensland-Küste mit einem Zwischenhalt
an den Whitsunday Islands und einem Ausflug
zum Whitehaven Beach. Vom nahen Cairns aus
erreicht man gut das Great-Barrier-Riff, während
man in Port Douglas die Kuku Yalanji kennenlernen und mit einem Vertreter dieses Volkes eine
Führung durch die Natur machen kann.

14 TAGE

Bleibe etwas länger und erkunde auf einer
14-tägigen Reise von Australien oder Auckland
aus die Naturwunder, die pulsierende Kulturszene
und das Maori-Erbe Neuseelands. Mach im Na-
tionalmuseum Te Papa eine Führung mit einem
Maori-Guide, beobachte Albatrosse, besuche
eine historische Brauerei in Dunedin oder segle
in Aucklands Waitemata Harbour auf einer Jacht,
die am America's Cup teilgenommen hat.

SO GEHT KREUZFAHRT!

ÜBERLEBENSTIPP

VOR DER ABFAHRT SOLLTE MAN SICH EIN WENIG MIT DIGITAL-FOTOGRAFIE BESCHÄFTIGEN, WEIL MAN VON DEN VERZAUBERNDEN MOTIVEN NICHT GENUG BE-KOMMEN KANN.

Praktisches

🧳 Unbedingt mitbringen: lange Unterwäsche, eine flexible, leichte Isolationsschicht, eine wasser- und windfeste äußere Schicht, einen Kapuzenparka und wadenhohe wasserfeste Stiefel, dicke Socken und Untersocken. Mütze, Handschuhe und Halswärmer für besonders kalte Tage nicht vergessen.

🚢 Ushuaia, Argentinien; Punta Arenas, Chile; Invercargill, Neuseeland

📅 Nur während des antarktischen Sommers von November bis März sind Reisen möglich. Die Hochsaison mit dem meisten Tageslicht ist von Mitte Dezember bis Ende Januar.

€ € € €

○ Abenteuer
○ Natur

ANTARKTIS

Die Antarktis ist ein Traum für Naturliebhaber. Vom Menschen unberührt und von Naturgewalten geformt lädt die Landschaft dazu ein, der Zivilisation den Rücken zu kehren und wirklich abzuschalten. Wale, Pinguine und Robben leben im Schatten schroffer Gipfel, während riesige Eisberge durch glasklares Wasser treiben.

Eine Kreuzfahrt in die Antarktis ist ein Abenteuer in der Wildnis. Riesige Eisberge spalten sich dröhnend von gigantischen Eisschelfs ab. Erwachsene Pinguine gleiten in den Ozean, um für ihre Küken zu jagen. Wale zerschneiden das eiskalte Wasser und springen aus purer Freude in die Luft. Seeleoparden treiben auf Eisbergen dahin und warten auf den nächsten Snack. Hier ist die Natur wirklich unberührt.

Jede Reise in die Antarktis enthüllt etwas Neues und Unerwartetes, wobei jede Route einen anderen Blick auf das Land aus Eis und Schnee eröffnet. Die von Südamerika kommenden klassischen 11-tägigen Halbinsel-Kreuzfahrten führen durch die unwirtliche Drakestraße, bevor sie auf eindrückliche Landschaften voller Wildtiere stoßen. Sie halten an den Südlichen Shetlandinseln, wo Adelie- und Zügelpinguinkolonien zu sehen sind, aber auch Antarktische Seebären und Südliche Seeelefanten.

Dann geht's weiter durch die hoch aufragenden Felswände und spektakulären Gletscher an der Gerlache-Straße, am Neumayer-Kanal und am Lemaire-Kanal, um auf dem eigentlichen Kontinent in der passend benannten Paradiesbucht anzulegen. Es ist der am besten erreichbare Teil der Antarktis, die Reise dauert nur 2 Tage auf dem Meer.

Links: Sternenhimmel in der Antarktis. Oben: ein junger Kaiserpinguin

SO GEHT KREUZFAHRT!

Oben: Eisberge an den Yalour-Inseln. Rechts: die Paradiesbucht

HIGHLIGHT

Eine unberührte Welt aus blauweißem Eis, das in der Sommersonne funkelt, mit Felsgipfeln, die in den Himmel ragen und sich in der glasklaren Oberfläche des Ozeans darunter spiegeln. Lauschen kann man dem Gesang der Pinguine, dem Kalben des Eises und dem Auftauchen der Wale.

Abenteuerlustigere Reisende bringt eine 12- bis 14-tägige Expedition über den Südlichen Polarkreis (auf 66°33' südlicher Breite) fast in das Herz des Kontinents. Wenn das Wetter die Überquerung des Südlichen Polarkreises gestattet, dann zeigt sich ein einmaliges Spektakel von nicht endendem Tageslicht über atemberaubenden, sonderbaren Eisformationen.

Wer noch mehr Zeit hat (19 bis 25 Tage), kann eine Route über die Falklandinseln und Südgeorgien wählen. Zuerst halten die Schiffe bei den Kolonien der Felsen- und der Magellan-Pinguine auf den Falklandinseln. Dann fahren sie weiter zur Hauptstadt Stanley, wo man etwas über deren faszinierende Geschichte erfährt, herzliche Einheimische kennenlernt und die Läden und Kneipen testen kann. Südgeorgien ist nur per Schiff zu erreichen und beheimatet die größten Kolonien von Königspinguinen sowie verschiedener Albatrosarten. Auf der Salisbury Plain nisten

ONE OCEAN EXPEDITIONS

Die russischen Forschungsschiffe *Akademik Sergey Vavilov* und *Akademik Ioffe* sind eine budgetschonende Möglichkeit, in die Antarktis zu reisen. Sie befahren eine Vielfalt an Routen, bringen dich überallhin und garantieren jede Menge Abenteuer. Die Unterbringung ist natürlich etwas einfacher und für maximal 92 Passagiere ausgelegt.

COMPAGNIE DU PONANT

Der exklusive französische Expeditionsanbieter Ponant bietet verschieden lange Kreuzfahrten in die Antarktis auf hochmodernen und eleganten Schiffen an. Bei französischem Essen bricht man stilvoll durchs Eis.

ABERCROMBIE & KENT

Abercrombie & Kent ist auf Luxus-Expeditionen spezialisiert und organisiert All-inclusive-Fahrten mit hochkarätigen Referenten. Über die Dezember-Feiertage findet eine Familienkreuzfahrt statt. Die Kreuzfahrten können für Touren an Land verlängert werden.

Erlebe magische Momente

Erlebe beim Campen in der Antarktis die wunderbare, tiefe Ruhe, die nur durch das Rufen der Pinguine oder das Krachen des Eises in der Ferne durchbrochen wird.

—

Paddle mit dem Kajak oder einem Paddleboard um glitzernde Mega-Eisberge, während unten im Wasser die Wale vorbeigleiten.

—

Erkunde auf Langlaufskiern oder mit Schneeschuhen die aus der Tiefe des Ozeans aufragenden Dreitausender.

—

Lass dir vom Fotoexperten an Bord beibringen, wie man das perfekte Foto eines Pinguinkükens, das gerade schwimmen lernt, schießt.

—

Erweise Sir Ernest Shackleton mit einem Glas Whisky an seinem Grab in Grytviken auf Südgeorgien die Ehre.

SO GEHT KREUZFAHRT!

FÜR WEN?

Abenteurer, die sich danach sehnen, die entferntesten Winkel der Welt zu besuchen, sollten die Antarktis auf ihrer Liste haben. Wildnisfans, die an nahen Tierbegegnungen interessiert sind, werden nie vergessen, wie ein Wal an ihrem Schlauchboot vorbeigeschwommen ist oder ein neugieriges Pinguinküken an ihren Stiefeln gepickt hat. Antarktis-Kreuzfahrten sind sehr teuer, aber mit Last-Minute-Angeboten kann man ein Schnäppchen machen (das allerdings immer noch ab 3000 Euro aufwärts kostet).

Zehntausende Königspinguine im Gras, singen laut füreinander und begrüßen neugierig die Neuankömmlinge von den Schiffen. Seeelefanten und Seebären liegen am Strand herum, und Riesensturmvögel jagen aus der Luft. Interessant ist Südgeorgien auch für Geschichtsfans, denn man wandelt bei einem Halt in den Spuren eines der größten Entdecker. Hier endete der letzte Abschnitt der berühmten Endurance-Expedition von Sir Ernest Shackleton, und hier liegt er noch immer begraben. Manche Routen beinhalten möglicherweise auch das Weddell-Meer, eine kaum besuchte wunderschöne Region, Heimat der Kaiserpinguine auf Snow Hill Island.

Passagiere, die von Australien oder Neuseeland in die Antarktis aufbrechen, sind länger über das Wasser unterwegs, bis sie das Festland erreichen, sie fahren dafür durch die Region um das Rossmeer und sehen den Mount Erebus, den südlichsten aktiven Vulkan unseres Planeten.

Bei allen Antarktis-Kreuzfahrten ist es natürlich von den Witterungsbedingungen abhängig, ob man anlegen kann oder Wildtiere sieht. Deshalb ist es von Vorteil, wenn man ein Spezialschiff mit Hubschrauber an Bord wählt, der Meeresvogelkolonien aufspürt, damit alle die schwer zu beobachtenden Tiere zu sehen bekommen. An Bord sind auch immer Naturkundler und Expeditionsleiter, die Fragen über diese selten besuchte Region beantworten können.

Die schönsten Häfen

USHUAIA

Ushuaia in Argentinien liegt unterhalb der schneebedeckten Martial-Gebirgskette, wo die Anden auf den Beagle-Kanal stoßen, und ist ein üblicher Abfahrtspunkt für Antarktis-Kreuzfahrten. Falls du irgendetwas für die Reise vergessen hast, kannst du es hier kaufen. Außerdem gibt es eine große Vielfalt an Wander-, Segel-, Ski- oder Kajakmöglichkeiten. Die Bierszene um die südlichsten Mikrobrauereien der Welt ist auch nicht zu verachten.

PUNTA ARENAS

Die wahrscheinlich südlichste Großstadt der Welt ist eine ausufernde Metropole an der Magellanstraße, von wo aus Feuerland, der Nationalpark Torres del Paine und die Antarktis leicht zu erreichen sind. Königskrabben sind eine lokale Delikatesse.

Links: Eisberge in der Pleneau Bay. Rechts: Sommernacht in der Nähe des Südpols

8 TAGE

Da die Antarktis so weit entfernt ist, braucht die Hin- und Rückfahrt Zeit. Nach 2 Tagen auf der Drakestraße macht man bei der Antarktischen Halbinsel 4 Tage lang Inselhopping und besucht die Kolonien der Adelie-, Zügel- und Eselspinguine. Die Reise geht durch unberührte Wildnis aus Schnee und Eis, und es können Zwerg-, Schwert- und Buckelwale, Weddellrobben, Krabbenfresser oder Seeleoparden gesichtet werden.

23 TAGE

In etwas mehr als 3 Wochen gewinnt man einen umfassenderen und abwechslungsreicheren Eindruck der Region. Nach einem Tag auf dem Meer grüßen die Falklandinseln, wo man etwas über deren faszinierende Geschichte erfahren und in einem der hübschen Dörfer Tee trinken kann. Dann geht es weiter nach Südgeorgien, wo in den schneebedeckten Bergen und massiven Gletschern die Nistplätze der Königspinguine und Subantarktische Seebären zu sehen sind – und das alles noch vor der Ankunft auf der Antarktischen Halbinsel.

SO GEHT KREUZFAHRT!

ÜBERLEBENSTIPP
IN SACHEN MAGEN-DARM- UND ANDEREN BESCHWERDEN IST DIESER TEIL DER WELT MANCHMAL NICHT OHNE. ANTIBIOTIKA UND MEDIKAMENTE KÖNNEN DEINEN URLAUB RETTEN.

IM UHRZEIGERSINN VON LINKS:
© ERIC LAFFORGUE / LONELY PLANET,
© PHILIP LEE HARVEY / LONELY PLANET (2)

AFRIKA & ÄGYPTEN

Afrika ist eine Welt für sich. Es ist bunt und chaotisch, überwältigend schön und bietet von Begegnungen mit Wildtieren bis zu traumhaften Stränden und hektischen Großstädten viele Erlebnisse. Dieser Schmelztiegel aus Kulturen, Küchentraditionen, Religionen und Geschichte ist nichts für Zartbesaitete, aber die Abenteuerlustigen werden bestimmt ins Staunen kommen.

● Abenteuer
○ Natur
● Kultur

und zu den Pyramiden von Gizeh kombiniert, damit die Passagiere einige der wichtigsten Stätten des Alten Ägyptens besichtigen können: Luxor, den Karnak-Tempel, das Tal der Könige, den Doppeltempel von Kom Ombo oder den Tempel von Philae. Die Routen sind recht kultur- und reiseintensiv, aber die meisten Nil-Flussschiffe haben Sonnendecks mit kleinen, durchaus ausreichenden Pools zum Entspannen. Dort kannst du dich ausruhen und bei einem kühlen Getränk die palmengesäumten Ufer vorbeiziehen sehen. Die meisten Touren enden in Assuan, einem oasenartigen Ort, ideal, um nach einer Nil-Kreuzfahrt abzuschalten.

Für Reisende, die von der Schönheit und den Geheimnissen der Sahara fasziniert sind, ist eine Mittelmeer-Kreuzfahrt, die auch nach Nordafrika führt, interessant. Hier, wo die Wüste auf das Meer trifft, haben afrikanische, arabische und europäische Einflüsse zu einer lebendigen

Schiffsreisen in Afrika decken eine riesige Bandbreite ab: von Luxusfahrten auf dem Nil über Bootsafaris auf dem Chobe bis zu traditionellen Kreuzfahrten ab Südafrika.

Für Antikefans ist der Nil in Ägypten ein absolutes Muss. Diese Flussreisen werden oft mit einem Landausflug nach Kairo

SO GEHT KREUZFAHRT!

Oben: badende Elefanten.
Unten: Ausblick auf Kapstadt

Mischung von Kulturen, Architekturstilen, Küchentraditionen und Religionen geführt – auch wenn der Islam vorherrschend ist, wie sich an seinem Einfluss auf Bauten wie die Hassan-II.-Moschee in Casablanca oder die katholische Basilika Notre Dame d'Afrique in Algier zeigt.

Alexandria in Ägypten ist für Passagiere auf Mittelmeer-Kreuzfahrten der Ausgangspunkt für einen Besuch der Pyramiden von Gizeh. Es hat aber auch selbst eine interessante Geschichte. Tunis verströmt gegenüber anderen nordafrikanischen Häfen hingegen eher den Charakter eines europäischen Seebads.

Die Reiseziele im südlichen Afrika, am entgegengesetzten Ende des Kontinents, sind von einer ganz anderen Atmosphäre geprägt. Safari-Liebhaber, die Bequemlichkeit und Komfort einer Kreuzfahrt nicht missen möchten, können auf einer Chobe-Schiffsreise in Namibia und Botswana nach Flusspferden und Elefanten Ausschau halten. Manchmal ist auch eine ganztägige Safari im Chobe-Nationalpark inbegriffen. Hier geht man auf Pirsch nach Zebras, Löwen, Geparden, Elefanten, Giraffen und anderen Tieren. Diese kurzen 3- oder 4-tägigen Flusskreuzfahrten sind oft mit einer umfassenderen Landroute

BESONDERE ANBIETER

ABERCROMBIE & KENT

Auf dem Nil führt Abercrombie & Kent vier Schiffe, darunter ein traditionelles Segelschiff für 12 Passagiere und ein Luxus-Flusskreuzfahrtschiff für 80 Passagiere.

OBEROI UND MÖVENPICK

Die Hotelkette Oberoi bietet mit der *Oberoi Zahra* für 54 und der *Oberoi Philae* für 44 Passagiere viel Luxus zu einem guten Preis: großzügige Suiten, ein Wellnessbereich und ein Pooldeck. Die Schiffe sind aber für Familien mit kleinen Kindern weniger geeignet. Unter den acht Nil-Schiffen der Schweizer Hotelkette Mövenpick hat man mehr Auswahl von einfachem bis gehobenem Standard.

OCEANIA CRUISES

Oceania bietet auf der *Nautica* jedes Jahr luxuriöse 14- oder 30-tägige Kreuzfahrten entlang der afrikanischen Küste an. Sie starten oder enden oft in Kapstadt und steuern viele andere Reiseziele an: von der Elfenbeinküste oder Senegal bis nach Madagaskar oder Kenia.

CROISIEUROPE

Der erschwinglichere französische Anbieter CroisiEurope organisiert Kreuzfahrt-Safaris auf dem Fluss Chobe. Hier hat man die Möglichkeit, vom Deck der *African Dream* aus Wildtiere zu beobachten. Die Reisen beinhalten auch längere Landausflüge für Jeep-Safaris.

Erlebe magische Momente

Tauche in der tunesischen Hauptstadt Tunis in die wie aus der Zeit gefallenen Souks ein.

—

Erlebe auf einem Landausflug zur UNESCO-geadelten Medina von Fès diese mittelalterliche Universitätsstadt.

—

Selbst wenn man schon genug von antiken ägyptischen Tempeln hat, übertreffen die überlebensgroßen Figuren im ägyptischen Abu Simbel alles, was man davor gesehen hat.

—

Geh im südafrikanischen Kruger-Nationalpark auf Safari und besuche die Masai Mara in Kenia oder die Serengeti in Tansania für ein unvergessliches Afrika-Erlebnis – auch wenn du nur ein oder zwei Tage hast.

—

Mach einen Landausflug zu einem der Naturwunder der Welt – den Victoriafällen.

HIGHLIGHT

In Afrika verschmelzen Kulturen und Gewürze, deshalb ist das Essen so vielfältig wie die Menschen. Das Angebot reicht von ägyptischen Gerichten wie Ful (Eintopf aus Saubohnen) und Ta'meya (ägyptische Falafel) über marokkanische wie Tajine und Couscous bis zu den indisch beeinflussten süd- und ostafrikanischen Currys. In der afrikanischen Küche wird viel Fleisch gegessen (meist gegrillt, in einem Curry oder Eintopf), aber auch vegane und vegetarische Gerichte sind leicht zu finden.

SO GEHT KREUZFAHRT!

kombiniert, etwa um die majestätischen Victoriafälle an der Grenze zwischen Sambia und Simbabwe und möglicherweise Südafrika zu besuchen.

Von Südafrika aus führen verschiedene Routen zum Atlantischen und Indischen Ozean und umrunden dabei die Südspitze des Kontinents. Sie machen Halt im lebendigen Kapstadt mit seinem berühmten Panoramablick vom Tafelberg. Weiter östlich liegen Durban, eine Großstadt, und Port Elizabeth, das bei Touristen sehr beliebt ist.

Passionierte Strandgänger kommen auf einer Kreuzfahrt, die bis auf die Seychellen führt, auf ihre Kosten. Die dortigen unberührten Strände und das türkisblaue Wasser gehören zu den schönsten der Welt.

Links: Dau vor der kenianischen Küste. Unten: Buschbock am Chobe. Gegenüber: Mandela-Transparent am Gefängnis auf Robben Island

Die schönsten Häfen

KAPSTADT

Viele Südafrika-Kreuzfahrten legen von Kapstadt ab. Plane ein paar zusätzliche Tage in dieser bezaubernden Küstenstadt ein. Wegen des sagenhaften Ausblicks vom Tafelberg lohnt sich die anstrengende Wanderung (oder die leichtere Seilbahnfahrt) hinauf. Bedrückend, aber empfehlenswert ist das berüchtigte Gefängnis auf Robben Island, in dem Nelson Mandela eingesperrt war. Auf dem Dach des Hotel Grand Daddy kann man in einem Wohnwagen übernachten. Und das Hotel Cape Grace gehört zu den Luxus-Klassikern von Kapstadt.

KAIRO

Üblicherweise beginnt eine Nil-Kreuzfahrt mit ein paar Tagen im Gewimmel der ägyptischen Hauptstadt. Nimm dir nach den Pyramiden von Gizeh und der Sphinx Zeit für das Ägyptische Museum am Tahrir-Platz und den Basar Chan el-Chalili in der Altstadt.

ESTABLISHMENT OF ROBBEN ISLAND MUSEUM: Nelson Mandela at the launch of the Robben Island Museum in 1997. In the background are sketches of other South African anti-apartheid leaders, Govan Mbeki, Mandela, Steve Biko, Robert Sobukwe and Walter Sisulu.

Routen

10 TAGE

Auf der klassischen Nil-Route kann man nichts falsch machen. In 10 Tagen besichtigt man Kairo, die Pyramiden und alle wichtigen Stätten des Alten Ägyptens in einer der Antike angepassten Geschwindigkeit.

24 TAGE

Auf der Fahrt von Lissabon bis Kapstadt besucht man viele Orte, die wenige Touristen zu sehen bekommen, und ist doch auf einer edlen Kreuzfahrt. Die Auswahl ist geringer als etwa in der Karibik oder im Mittelmeerraum, aber ein paar Anbieter organisieren jedes Jahr Fahrten entlang der Westküste Afrikas, die sich lohnen.

FÜR WEN?

Afrika ist von Paaren in den Flitterwochen bis zu Rentnern für alle geeignet, solange sie etwas aushalten und Interesse an sehr unterschiedlichen Kulturen haben. Die Routen sind oft sehr kulturlastig, aber je nach Reise ist meistens auch ein bisschen Zeit für Entspannung und Erholung mit eingeplant.

SO GEHT KREUZFAHRT!

ÜBERLEBENSTIPP

SUCHE DIR EIN INTERESSANTES THEMA ENTLANG DEINER ROUTE – ZUM BEISPIEL REMBRANDT ODER DAS ALTE ROM – UND LESE DICH VOR DEINER KREUZFAHRT DAZU EIN.

Praktisches

🧳 Auf Flussschiffen sind die Kabinen kleiner als auf Ozeanschiffen, nimm also leichtes Gepäck mit. Packe sportlich-legere Schichten und bequeme Wanderschuhe ein.

🚉 Köln, Deutschland; Paris, Frankreich; Amsterdam, Niederlande; Basel, Schweiz; Kiew, Ukraine

📅 Flusskreuzfahrten in Europa beginnen im April und dauern bis zum Ende der Weihnachtsmarktsaison; der größte Andrang ist im Juli, August und September.

€ € € €

⭕ Abenteuer
⭕ Natur
⭕ Kultur

EUROPAS FLÜSSE

Lass bei einem Glas Syrah die Landschaft Europas, märchenhafte Schlösser, mittelalterliche Dörfer und blühende Blumenwiesen an dir vorbeiziehen. Flusskreuzfahrten sind elegant-lockere Angelegenheiten und perfekt, um die europäische Kunst und Kultur zu entdecken.

Lange vorbei sind die Zeiten, in denen Flusskreuzfahrten in Europa als spießig und bieder galten. Aktive Reisende, Natur- und Kulturliebhaber sowie Familien haben gemerkt, dass eine Kreuzfahrt auf einem ruhigen, verkehrsfreien Fluss mit wunderschönen Uferblicken die ideale Weise ist, um Europa zu bereisen. Dieser Wandel vollzieht sich gerade in Echtzeit: Jedes Jahr setzen mehr Anbieter auf außergewöhnliche Erfahrungen wie Kochkurse oder Hausbesuche und auf Aktivitäten wie Radtouren oder lange Wanderungen.

Die meisten Europa-Kreuzfahrten gibt es auf den zwei großen Flüssen Rhein und Donau, die früher zusammen die Nordgrenze des Römischen Reiches bildeten. Rhein-Kreuzfahrten führen oft von Amsterdam bis nach Basel. Donau-Kreuzfahrten beginnen in Süddeutschland und schlängeln sich durch Österreich, die Slowakei, Ungarn, bevor sie über die Balkanländer das Schwarze Meer erreichen.

Aber es gibt noch viele andere Möglichkeiten, auch wenn sich Neulinge auf Europa-Flusskreuzfahrten meist an diese beiden Flüsse halten. Egal wohin es geht, eine Flusskreuzfahrt ist oft die beste Art, um einen bestimmten Ort zum ersten Mal zu besuchen. In Westeuropa kann man auf der Mosel, der Rhone oder der Seine

Links: Hausboote in Amsterdam. Oben: entspannen an der Seine

durch die malerische Landschaft gleiten oder auf dem Douro die portugiesischen Weinberge bewundern. In Osteuropa besuchen die Flussschiffe auf der Wolga die Zeugen des zaristischen Russlands, während man in der Ukraine auf dem Dnjepr zum Schwarzmeerhafen Odessa mit seinem prachtvollen Opernhaus und der berühmten Potemkinschen Treppe gelangt.

Dann ist da natürlich noch das Essen. Auf vielen Kreuzfahrten wird ein regionales Menü geboten oder fast ausschließlich einheimi-

sche Küche serviert, schließlich wollen es sich die Passagiere ja gut gehen lassen. Auf manchen Schiffen gibt der Koch als Bonus selbst Kochkurse. Einige wenige – vor allem in Frankreich und Portugal – haben sogar einen eigenen Sommelier an Bord.

Die Flussschiffe sind natürlich viel kleiner als die, die auf dem Mittelmeer oder der Ostsee unterwegs sind. Die Zahl der Passagiere beträgt weniger als 190 (manchmal weniger als 20). Zudem sind Flusskreuzfahrten nicht für sehr kleine Kinder geeignet (auf manchen Schiffen sind sie gar nicht zugelassen), aber

FÜR WEN?

Obwohl traditionell vor allem für Senioren attraktiv, werden Europa-Flusskreuzfahrten zunehmend auch auf Paare in den Flitterwochen, Familien und sogar junge Alleinreisende ausgerichtet. Einige Anbieter – zum Beispiel A-Rosa oder CroisiEurope – organisieren explizit familienfreundliche Fahrten mit kurzweiligen Routen, auf denen Kinder spannende Geschichtslektionen erhalten. Die aktivsten Passagiere wählen eine Kreuzfahrt mit Fahrradtouren, Abenteuersportarten oder interaktiven kulturellen Erlebnissen.

HIGHLIGHT

Viele Flussschiffe in Europa haben eigene Fahrräder an Bord. Während einer Seine-Kreuzfahrt empfiehlt sich eine Radtour durch die malerische französische Landschaft.

BESONDERE ANBIETER

EUROPEAN WATERWAYS

Persönlich und gemächlich geht es beim britischen Anbieter European Waterways zu. Die wunderschönen Luxus-Hotelboote nehmen nur 4 bis 20 Passagiere auf und schippern über kleinere und unbekanntere Kanäle in ganz Europa. Auf hochkarätigen Themenkreuzfahrten besucht man etwa eine Oper in Verona, Whiskydestillerien in Schottland oder Familienwinzereien im Burgund.

VEGAN TRAVEL

Ein echter Pionier in Sachen veganes Reisen. Passagiere, die sich diesem Lebensstil verschrieben haben, können zum Beispiel auf dem Douro Portwein und Paella oder auf der Rhone provenzalische Spezialitäten genießen. Es versteht sich von selbst, dass auch das Duschmittel und die Bettdecke in der Kabine keine tierischen Produkte enthalten. Auf den modernen Schiffen finden zudem Yoga-Stunden, Vorträge oder Kochvorführungen statt.

EXCELLENCE

Der Schweizer Anbieter Reisebüro Mittelthurgau hat sich für seine Excellence-Flotte zahlreiche Themenkreuzfahrten einfallen lassen. Auf der Rheinstrecke von Basel nach Straßburg präsentiert im Herbst jeden Abend ein anderer Spitzenkoch seine Kreationen. Ein Highlight auf den Musik-Flussreisen ist ein Konzert auf Deck in den Tiefen einer Schleuse.

Erlebe magische Momente

Wärme dich beim Geschenkebummel auf einem Weihnachtsmarkt in Deutschland, Österreich oder der Schweiz bei einer Tasse Glühwein.

—

Radle bei einem der Kreuzfahrtanbieter mit eigenen Fahrrädern an Bord einfach drauflos.

—

Melde dich für einen Landausflug an: Tanze Walzer in Wien, bemale in Sankt Petersburg Matrjoschkas oder verkoste Käse auf einem französischen Bauernhof.

—

Für Familien: Geht auf Schnitzeljagd durch den Pariser Louvre, übt Fechten oder lasst euch von einem Soft-Drink-Sommelier die lokalen Getränke zeigen.

—

Besichtige bei fast jedem Halt Burgen, Schlösser oder Kathedralen.

SO GEHT KREUZFAHRT!

für Kinder ab sechs Jahren gibt es mittlerweile oft ein Programm. Über das kleine Spielzimmer an Bord werden sie schnell hinwegkommen, wenn sie merken, dass sie jeden Tag spannende Erkundungen an Land machen können. Für Erwachsene werden weiterbildende Kurse, informative Vorträge und eine große Vielfalt an Exkursionen angeboten. Auf Europa-Flusskreuzfahrten gibt es keine Innenkabinen. Da man meistens ein großes Fenster, oft sogar einen eigenen Balkon oder ein raumhohes Panoramafenster hat, kann man gut auf die Unterhaltung an Bord verzichten und einfach die Landschaft vorbeiziehen sehen.

Die schönsten Häfen

KÖLN

Bei mehr als 2000 Jahren Geschichte ist es keine Überraschung, dass es in Köln mehr als zwei Dutzend Museen gibt, die auf deinen Besuch warten. Vielleicht möchtest du aber auch lieber am Rheinufer entlangspazieren oder in einem Café ein Glas Wein oder ein Kölsch trinken. In Kölns Römisch-Germanischem Museum befindet sich das berühmte Dionysosmosaik sowie die weltweit größte Sammlung an römischem Glas. Im gigantischen gotischen Kölner Dom kannst du den Südturm besteigen und einen wunderbaren Rundblick genießen. Viele Schiffe fahren ab Köln oder lassen dort zusteigen, also solltest du unbedingt zusätzlich ein oder zwei Tage für die Besichtigung der Stadt einplanen.

Links: Grachten in Amsterdam. Rechts: die Kettenbrücke über die Donau in Budapest

Routen

5 TAGE

Lass dich bei einer Fahrt auf der Mosel von Winzerfesten, mittelalterlichen Burgen, Fachwerkhäusern und leckerem Essen verzaubern. Die Route ist mit dem Rhein kombinierbar, allerdings kann man bei der einfachen Mosel-Tour diese wunderschöne Region besser kennenlernen.

13 TAGE

Bei einer Wolga-Schiffsreise von Moskau nach Sankt Petersburg besuchst du die beiden größten und prächtigsten Städte Russlands. Als Gegensatz zu den quirligen Metropolen kannst du bei Stopps in kleineren Städten etwas ruhigeres russisches Landleben genießen.

SO GEHT KREUZFAHRT!

ASIENS FLÜSSE

Die Bandbreite an Möglichkeiten für eine Flusskreuzfahrt in Asien ist riesig. Beliebt sind kurze Schiffsreisen in der vietnamesischen Halong-Bucht mit ihren berühmten Kalksteinfelsen oder Jangtse-Kreuzfahrten durch mächtige Schluchten und einen der größten Staudämme der Welt. Etwas langsamer geht es in einem Hausboot auf den Backwaters im indischen Kerala oder auf dem Irrawaddy in Myanmar zu.

○ Natur
○ Kultur
  Entspannung
○ Abenteuer

Links: einer der eindrucksvollen Felsen in der Halong-Bucht

Je nachdem, wo man in Asien an Bord geht, ist von einer Nacht auf einer Teakdschunke bis zu einer Woche auf einem Luxusschiff alles möglich. Für Reisen mit der Dschunke ist die Halong-Bucht typisch, wo sich in der Hochsaison hölzerne Schiffe mit goldenen und roten Segeln drängen. Zerklüftete Kalkstein-felsen, auf deren Spitze ein Stückchen üppiger Regenwald sprießt, ragen aus dem Wasser. Man kann auch den schwülen Mekong in einem Sampan (einem flachen Holzboot) entlanggleiten oder den Irrawaddy in einer Jacht befahren, die einem Sultan würdig wäre. In China warten kitschig dekorierte Jangtse-Schiffe, während in Kerala Hausboote Erholung von der Hektik Indiens bieten. Alle diese Routen haben jedoch eins gemein, nämlich die extravagante Schönheit der Natur. Hier kann man problemlos ganze Nachmittage damit verbringen, von Deck aus fasziniert die Landschaft zu bewundern.

Auf dem Jangtse fährst du durch mächtige Schluchten, vorbei an Tälern mit bunten Feldern und winzigen Dörfern, die wie Vogelnester hoch oben in den Bergen hängen. Am Ufer siehst du Dschungelvegetation

oder geflutete Reisfelder, die wie
Diamanten glitzern.

Doch es gibt auch viel Kultur
zu entdecken. Auf dem Irrawaddy
fährst du vom alten spirituellen
Zentrum Mandalay bis zur Ebene
von Bagan mit ihren unzähligen
Tempeln und hältst unterwegs an
Felsenschreinen und Dörfern. Bei
Kreuzfahrten auf dem Jangtse
werden normalerweise ein oder
zwei Ausflüge täglich zu alten
Dörfern oder Pagoden angeboten.
Das wahre Highlight auf dem
Jangtse sind jedoch die riesigen
Schleusen des Drei-Schluch-
ten-Staudamms.

Auf den größeren, etwas
schickeren Schiffen werden

an Bord die üblichen Freizeitmöglichkeiten angeboten, es
gibt Swimmingpools, Spas mit
Massagen oder Cabaret-Shows.
Auf den Jangtse-Schiffen kann
man oft eine Akupunktursitzung
ausprobieren oder sich einen Vor-
trag über Jadeschmuck anhören.
Auf den kleineren Dschunken
oder Sampans vertreibt man sich
die Zeit eher mit einem guten
Buch oder spielt Karten mit neu
gewonnenen Freunden.

Wer in Südostasien eine
Flusskreuzfahrt macht, kommt
automatisch mit vielen anderen
Ausländern in Kontakt, seien es
Backpacker mit Beerlao-T-Shirts
oder Familien mit Teenagern. Auf

einigen der günstigeren Kreuzfahrten, wo die Party im Vordergrund steht, muss man mit in
Strömen fließendem Singha-Bier
und Arschbomben vom Schiffsdeck rechnen. In China findet
man sich überwiegend unter einheimischen Passagieren wieder,
und nur auf Schiffen der mittleren
und oberen Preisklasse spricht
das Personal Englisch. Nutze
die Chance und tobe dich beim
Karaoke aus, da ist es ganz egal,
welche Sprache man spricht.

Auf den meisten Schiffen gibt
es ein Büfett mit einer Mischung
aus asiatischem und westlichem

CENTURY CRUISES

BESONDERE ANBIETER

Century befährt den Jangtse und bewegt sich im mittleren Preissegment. Die Kabinen sind gemütlich, wenn auch nicht gerade luxuriös. Das Personal spricht Englisch, und das Unterhaltungsprogramm beinhaltet Filmabende oder Vorträge über chinesische Medizin. Die Schiffe halten unter anderem an einer uralten „Geisterstadt" und in zauberhaften Schluchten.

BELMOND

Schwelge auf dem Irrawaddy an Bord der *Road to Mandalay* in Luxus. Hier kannst du dich auf einen Oberdeck-Pool, Yoga-Stunden, asiatische Gourmetküche, Fünfuhrtee und eine schicke Cocktailbar

freuen. Die Routen dauern zwischen 3 Tagen und fast 2 Wochen, wobei Bagan das Highlight ist.

PANDAW RIVER CRUISES

Besuche das Weltwunder Angkor Wat bei einer Fahrt von Saigon nach Siem Reap und erkunde die kambodschanische Hauptstadt Phnom Penh. Aus einer herrschaftlichen Kabine voller Teak und Messing bestaunst du auf einer 7-tägigen Reise schwimmende Märkte oder Mekong-Flussdelfine. Für die bezahlbaren 1- oder 2-tägigen Touren mit Dschunken in der Halong-Bucht wird man am frühen Morgen in Hanoi abgeholt. Im Preis ist eine Kajakfahrt inbegriffen.

Erlebe magische Momente

Fühle dich wie am Eingang zum Land der Riesen, wenn sich am Drei-Schluchten-Staudamm mitten in der Nacht zig Meter in der Höhe plötzlich die Metalltore der enormen Schleusen öffnen.

—

Entspanne dich an Deck mit einem typischen süßen Kaffee in der Hand und genieße den Moment der Glückseligkeit, wenn die Sonne über den Felsen der Halong-Bucht untergeht.

—

Besuche Kompong Luong, eine schwimmende Stadt auf dem Tonle-Sap-See, der mit dem Mekong verbunden ist, und entdecke dort eine Welt voller bunter Holzhäuser und handgemachter Töpferwaren.

—

Probiere bei einer Hausbootfahrt auf den Backwaters von Kerala frischen Fisch direkt aus den Netzen der malerischen einheimischen Fischerboote.

HIGHLIGHT

Ein wahrer Höhepunkt ist eine Kajakfahrt in der Halong-Bucht. Du kannst diesen Ausflug bei einer Dschunkenfahrt buchen oder ihn auch selbst organisieren. Paddle rund um die Felsinseln, zwischen traditionellen vietnamesischen Hausbooten hindurch, und halte nach Fischen im tiefblauen Wasser Ausschau. Vielleicht interessieren dich die spektakulären Höhlen in der Gegend mit riesigen, haifischzahnähnlichen Stalaktiten, die von Discolicht in wechselnden Farben angestrahlt werden. Oder verbringe einen Tag auf Cat Ba, der größten Insel in der Bucht, wo man durch den Dschungel wandern und einheimische Dörfer besuchen kann.

SO GEHT KREUZFAHRT!

FÜR WEN?

Für Familien wird auf einer Jangtse-Flussfahrt mittlerer Preisklasse perfekt gesorgt. Budget-Reisende tauchen auf den kleinen chinesischen Schiffen, auf denen es kaum Ausländer gibt, in eine fremde Kultur ein. Junge Backpacker feiern auf günstigen Booten in der Halong-Bucht, wo es aber auch gehobenere Angebote gibt. Frischvermählte und Rentner bevorzugen Luxus und Privatsphäre auf den Flussschiffen des Irrawaddy und des Mekong und den Hausbooten in Kerala, während sich Abenteuerlustige für die einheimischen Sampans entscheiden. Klassischere Routen führen zu Sehenswürdigkeiten wie der Chinesischen Mauer.

Essen. Wenn das nicht so dein Ding ist, sind Ausflüge ans Ufer die perfekte Gelegenheit, um lokale Spezialitäten zu probieren: in Bananenblättern gegrillten Thai-Flussfisch mit scharf-saurer Soße, dampfende Schalen mit vietnamesischem Pho von einem Straßenstand oder Chongqing-Eintopf, der dir den Schweiß auf die Stirn treibt.

Unten: unterwegs auf dem Irrawaddy; die Tempel von Bagan. Gegenüber: ein schwimmendes Dorf in der Halong-Bucht

Die schönsten Häfen

CHONGQING

Diese Mega-Metropole ist nicht gerade ein Touristen-Magnet, aber wer sich für Chinas Geschichte – und Zukunft – interessiert, wird die Stadt faszinierend finden. Erkunde die verschlungenen Gässchen aus der Ming-Dynastie in der restaurierten Altstadt von Ciqikou oder gönne dir einen lokalen Snack wie kandierte Weißdornfrüchte. Fahre mit der Seilbahn über den schlammigen Jangtse und kauf dir in einer der riesigen gläsernen Shopping-Malls im neuen Stadtzentrum eine Luxussonnenbrille. Außerdem solltest du unbedingt die Spezialität der Stadt, den berühmten Eintopf, probieren. Chongqing gehörte einst zu Sichuan, daher wird auch hier die lokale Küche von feurigem Chili und Pfefferkörnern, die dir die Lippen betäuben, dominiert. Die köstlichen Eintöpfe heizen tüchtig ein, was aber beim oft feuchten Wetter der Stadt ganz gelegen kommen dürfte.

2 TAGE

Bei der „Zweitagesfahrt" in der Halong-Bucht ist man in Wirklichkeit nur 24 Stunden auf dem Wasser. Du wirst im Morgengrauen in Hanoi abgeholt, gehst gegen Mittag an Bord und genießt dann die Schiffsfahrt und einen Kajakausflug am Nachmittag. Am nächsten Morgen vielleicht noch ein Abstecher an einen Strand, dann wirst du auch schon wieder rechtzeitig zum Abendessen nach Hanoi gebracht.

7 TAGE

Mit etwas mehr Zeit kannst du auf dem Jangtse den ganzen Weg von Chongqing nach Schanghai zurücklegen, was 7 bis 10 Tage dauert (die meisten Jangtse-Fahrten legen weniger als die Hälfte dieser Strecke zurück). Man fährt dabei an Dörfern aus der Ming-Dynastie, riesigen modernen Städten wie Wuhan und einer Berglandschaft vorbei, die schon immer Künstler inspiriert hat.

SO GEHT KREUZFAHRT!

ÜBERLEBENSTIPP

WIRST DU SCHNELL SEEKRANK?
AUF RUHIGEN GEWÄSSERN (VOR
ALLEM AUF DEM COLUMBIA
RIVER) KÖNNEN SELBST SENSIBLE
PASSAGIERE EINE KREUZ-
FAHRT GENIESSEN.

NORDAMERIKAS FLÜSSE

Bist du eher auf Landschaft und Entspannung aus als auf Nachtleben und Strand? Bei einer Nordamerika-Flusskreuzfahrt schipperst du auf einem Schaufelraddampfer den Mississippi hinunter und auf dem Sankt-Lorenz-Strom in Kanada durch die Fjorde. Im Pazifischen Nordwesten bewunderst du die beeindruckenden Wasserfälle und Schluchten des Columbia River – inklusive Kajakausflug und Weinverkostung.

Praktisches

🚉 Memphis, New Orleans, Portland, USA; Montreal, Kanada

💼 Bequeme Kleidung für den Tag und lässig-elegante für den Abend. Gegen frische Brisen oder Wind einen Fleecepulli und eine Regenjacke einpacken.

📅 Der untere Teil des Mississippi ist ganzjährig befahrbar, der obere Teil von Juli bis Oktober. Der Columbia River von Februar bis Anfang Dezember. Mai bis einschließlich Oktober ist perfekt für eine Kreuzfahrt auf dem Sankt-Lorenz-Strom.

€ € €

- ⬤ Abenteuer
- ⬤ Natur
- ⬤ Kultur

Abgesehen von den Hochseeschiffen auf dem Sankt-Lorenz-Seeweg haben die meisten Flusskreuzfahrten in Nordamerika höchstens ein paar Hundert Passagiere an Bord. Hier herrscht ein gemütliches Tempo. Die Schiffe halten auf der 1- oder 2-wöchigen Fahrt fast jeden Tag an einem neuen Hafen, oft einen ganzen Tag oder Abend lang. Besuche historische Eisenbahnmuseen oder üppige Apfelgärten, paddle auf dem Columbia River im Wildwasser oder entspanne dich einfach nur auf dem Balkon, wenn Fjorde und bunte Herbstbäume vorüberziehen.

Aber keine Angst vor Langeweile. Fast immer ist ein Historiker oder Naturkundler an Bord, manchmal auch mehrere, die Vorträge und Stadtspaziergänge anbieten, um den Passagieren Kultur und Natur der jeweiligen Umgebung näherzubringen. Auf modernen Flusskreuzfahrten ist auch das Essen eine wichtige Angelegenheit. Oft werden traditionelle einheimische Gerichte

Links: Columbia River Gorge. Oben: Gateway Arch in St. Louis; stimmungsvolle Friedhöfe in New Orleans

Schon die ersten europäischen Siedler gründeten ihre Ortschaften entlang der amerikanischen Wasserwege. Am besten für Kreuzfahrten geeignet sind der Mississippi (und seine Nebenflüsse Tennessee und Ohio River), der Sankt-Lorenz-Strom und -Seeweg sowie der Columbia River.

SO GEHT KREUZFAHRT!

serviert. Dazu gibt es, anders als auf dem Meer, ein ständig wechselndes Landschaftspanorama vor den Fenstern zu sehen.

Der Mississippi wird in drei Kreuzfahrtabschnitte unterteilt, die man in jeweils einer Woche durchquert. Der obere Mississippi – von St. Paul bis St. Louis – ist Mark-Twain-Land. Hier tuckerst du auf Schaufelraddampfern durch das Herz Amerikas und hältst an ehemaligen indianischen Kultstätten oder prunkvollen Herrenhäusern, beobachtest Weißkopfadler oder Otter und bewunderst bunte Herbstwälder. Am unteren Mississippi – von Memphis bis New Orleans – geht es vor allem um Musik, Kochkunst und die Geschichte des Amerikanischen Bürgerkriegs. Das Mittelstück – von St. Louis bis Memphis – deckt ein bisschen von beidem ab.

Der Sankt-Lorenz-Strom entspringt im Lake Ontario und bildet die Grenze zwischen den

Oben: das monumentale Hotel Château Frontenac in Québec; Walbeobachtung vom Deck aus

AMERICAN QUEEN STEAMBOAT COMP.

Für eine Fahrt mit einem Schaufelraddampfer oder einem Dampfschiff auf dem Mississippi kann man aus mehr als einem Dutzend Themenkreuzfahrten auswählen, zum Beispiel: der Alte Süden, Musik der Fünfziger und Sechziger, Quilten oder Küche der Südstaaten. Auf den großen Schiffen gibt es sogar Broadway-Revuen und Varieté-Theater.

AMERICAN CRUISE LINES

Mit dem Raddampfer *Queen of the West* folgst du dem Verlauf der Lewis-und-Clark-Expedition auf dem Columbia und dem Snake River mitten durch die schöne Landschaft des Pazifischen Nordwestens. Du findest auch Routen, die auf den Wein der Region spezialisiert sind.

ST. LAWRENCE CRUISE LINES

Viele riesige Kreuzfahrtschiffe befahren den Sankt-Lorenz-Strom. Etwas persönlicher geht es auf dem Nachbau des viktorianischen Dampfers *Canadian Empress* mit nur 36 Kabinen zu. Auf einem kleinen Schiff ist eine Fahrt durch die zahlreichen Schleusen des Sankt-Lorenz-Seewegs einfach unschlagbar. Die Bordunterhaltung ist traditionell viktorianisch – das bedeutet Shuffleboard und Big-Band-Musik.

Erlebe magische Momente

Beobachte in den langsam fließenden Gewässern der Bayous und den Sümpfen im Cajun Country außerhalb von New Orleans Alligatoren.

—

Entdecke den Mississippi mit dem Schriftsteller Mark Twain höchstpersönlich … oder zumindest mit einem historisch getreuen Doppelgänger.

—

Probiere frische Speisen auf einem Bauernhof und edle Weine in einer Winzerei vor dem Hintergrund der großartigen Multnomah Falls bei einer Fahrt auf dem Columbia und Snake River.

—

Schaue bei einem Besuch des Saguenay-Fjord-Nationalparks am Sankt-Lorenz-Strom spielenden Belugawalen zu.

HiGHLiGHT

Hast du Lust auf den Indian Summer, aber nicht auf die Menschenmengen in Vermont oder New Hampshire? Am oberen Mississippi und am Sankt-Lorenz-Seeweg findest du eine genauso schöne Herbstfärbung wie in Neuengland. Es geht vorbei an sanften Hügeln und Bergen, die mit leuchtendem Rot, Orange und Gelb überzogen sind. Auf den kleineren Schiffen bestaunst du einen Fjord im Saguenay-Fjord-Nationalpark, und vielleicht entdeckst du bei einer Kreuzfahrt auf dem Sankt-Lorenz-Strom sogar einen Elch oder einen Bären.

SO GEHT KREUZFAHRT!

USA und Kanada, bis er schließlich den Atlantischen Ozean erreicht. Er fließt über 1200 Kilometer durch die beiden kosmopolitischen Städte Montreal und Québec in den Sankt-Lorenz-Golf, an Leuchttürmen, Nationalparks und idyllischen Inseldörfern vorbei. Die 15 Schleusen des Sankt-Lorenz-Seewegs ermöglichen den Schiffsverkehr (sowohl für den Handel als auch für den Tourismus) zwischen den Großen Seen und dem Atlantik.

Die wilde und malerische weite Schlucht Columbia River Gorge an der Grenze der Bundesstaaten Washington und Oregon ist genau das Richtige für aktive Passagiere. Neben Portland und dem charmanten Astoria in Oregon gibt es so einiges zu sehen: die Natur des Canyons zu beiden Seiten des Flusses, indianische Angelstege und viele heimische Weinberge. Zur Unterhaltung steht vielleicht ein Naturkundevortrag über laichende Lachse auf dem Programm oder im Willamette Valley eine Pinot-Noir-Verkostung mit professionellem Sommelier.

Unten: Beale Street in Memphis; der Mississippi. Gegenüber: ein Schaufelraddampfer

Die schönsten Häfen

NEW ORLEANS

Frittierter Alligator und Shrimp Jambalaya, Voodoo-Rituale und Mardi Gras, kreolische Architektur und verschnörkelte Balkongeländer – New Orleans (Spitzname „The Big Easy") in Louisiana ist eine der außergewöhnlichsten Städte der Vereinigten Staaten. Beginne den Tag mit einem Beignet (Krapfen) im Café du Monde, besorge dir im French Quarter eine handgefertigte Mardi-Gras-Maske und besuche am Abend einen angesagten Jazzklub. Oder mach einen Spaziergang durch den schicken Garden District und zwischen Geistern auf den stimmungsvollen Friedhöfen von New Orleans.

FÜR WEN?

Magst du Geschichte? Botanik? Literatur? Dann interessieren dich bestimmt die Historiker und Naturkundler oder die Mark-Twain-Doubles auf vielen Mississippi-Fahrten. Während Kreuzfahrten auf dem Columbia River mit Wandern und Radtouren ziemlich aktiv sind, genießen die Reisenden auf Mississippi- und Sankt-Lorenz-Kreuzfahrten geruhsame Tage mit vielen Exkursionen. Da die Flüsse mit kleineren Schiffen befahren werden, sind Flusskreuzfahrten oft etwas teurer, aber dafür lieben die meist älteren und betuchten Passagiere gerade die Nähe zur Natur und den persönlicheren Umgang mit den Mitreisenden. Anders als in Europa bieten Flusskreuzfahrten in Nordamerika selten besondere Unterhaltung oder Aktivitäten für Kinder.

Routen

10 TAGE

Größere Schiffe, die Richtung Ozean unterwegs sind, legen in Montreal ab und fahren auf dem Sankt-Lorenz-Strom über Québec nach Halifax, Nova Scotia oder sogar bis hoch nach Neufundland. Diese Route lässt sich mit ein paar Zusatztagen als Rundreise ab Montreal buchen.

22 TAGE

In etwas mehr als 3 Wochen erlebt man den majestätischen Mississippi in all seiner Pracht. Die Reise folgt dem Fluss durch das amerikanische Kernland und durchquert auf dem Weg zehn Bundesstaaten. Start ist New Orleans in Louisiana, das Ziel ist Saint Paul, die Hauptstadt von Minnesota.

SO GEHT KREUZFAHRT!

ÜBERLEBENSTiPP

PACKE EiNEN WASSERDiCHTEN
FELDSTECHER EiN, DAMiT DU FÜR
DiE WiLDTiERBEOBACHTUNGEN
AUF DEN GALAPAGOSiNSELN
UND AM AMAZONAS AUS-
GERÜSTET BiST.

🚢 Iquitos, Peru; Manaus, Brasilien; Buenos Aires, Argentinien; Baltra, San Cristóbal, Galapagosinseln; die Nebenflüsse des Amazonas

💼 Packe wegen des feuchten Klimas Sandalen und wasserfeste Schuhe ein, dazu leichte, langärmlige Oberteile und lange Hosen. Bringe auf günstigen Amazonasfahrten Hängematte oder Schlafsack selbst mit.

📅 Die Hochsaison dauert von November bis April und ist ideal für eine Reise nach Patagonien. Schnäppchen gibt es von März bis Mai. Die Galapagosinseln können das ganze Jahr über angesteuert werden. Am Amazonas herrscht von Dezember bis April Regenzeit. Von Mai bis November ist das Wetter trocken.

€ € €

🔵 Abenteuer
🟡 Natur
🔵 Kultur

SÜDAMERIKA

Südamerika-Kreuzfahrten sind der Stoff, aus dem Legenden sind. Das Amazonasbecken ist das größte Flussnetz der Welt und Heimat von exotischen Vögeln, seltenen Insekten und wilden Tieren. Folge Darwins Spuren auf den Galapagosinseln oder bewundere die majestätischen Gletscherfjorde in Patagonien.

Eine Südamerika-Kreuzfahrt steht auf vielen Wunschlisten ganz oben. Bestaune die unermessliche Artenvielfalt der Galapagosinseln oder des Amazonas-Dschungels und tanze in Buenos Aires Tango, nachdem du den Panamakanal und Kap Hoorn aus nächster Nähe gesehen und einen Abstecher ins Inka-Imperium gemacht hast.

Für eine Fahrt mit einem kleinen Forschungsboot nach Patagonien, zum Amazonas oder zu den Galapagosinseln muss man mit 4 bis 7 Tagen rechnen. Große Kreuzfahrtschiffe bieten eine Reihe von 2-wöchigen Touren ab Miami, Buenos Aires oder Santiago an. Normalerweise wird entweder im Norden der Panamakanal durchquert oder im Süden Kap Hoorn umrundet, wobei man einen Blick auf Patagonien erhaschen kann.

Landausflüge nach Machu Picchu oder zu den Iguazú-Wasserfällen runden eine traditionelle Kreuzfahrt ab, die zwischen Buenos Aires oder Rio de Janeiro und Santiago verkehrt. Am meisten holst du aus dieser Reise heraus, wenn du die Exkursionen des Veranstalters mitmachst. Das ist zwar teurer, als selbst zu organisieren, spart aber Nerven. Wie auch immer du dich entscheidest: Die Hauptattraktionen einer Südamerika-Kreuzfahrt kann man nur per Boot erreichen.

Links: Kajakausflug im Nationalpark Torres del Paine in Patagonien. Oben: Blaufußtölpel auf Galapagos

SO GEHT KREUZFAHRT!

Eine Amazonas-Kreuzfahrt startet üblicherweise entweder im brasilianischen Manaus oder im peruanischen Iquitos und dauert zwischen 3 und 10 Tagen. 6 Tage reichen eigentlich aus, um alles zu sehen. Du kannst die vielen Eindrücke und Geräusche des Regenwalds auf einem Schoner mit nur 12 Kajüten, einem exklusiven hölzernen Klipper oder einem großen Kreuzfahrtschiff mit mehr als 140 Passagieren genießen, also so günstig oder luxuriös reisen,

**Oben: Nationalpark Torres del Paine.
Gegenüber: Galapagos-Schildkröte**

wie es dein Geldbeutel zulässt. Der Amazonas-Regenwald ist die grüne Lunge der Erde, das letzte weitgehend unbekannte Terrain unseres Planeten. Manche Menschen leben in dieser abgelegenen Gegend noch so wie vor Jahrhunderten. Schwimme mit rosafarbenen Delfinen, beobachte Dreifingerfaultiere, Kaimane und vielleicht sogar Seekühe. Die Kultur der Amazonasregion ist ein weiteres Highlight. Manche

HIGHLIGHT

Die Fauna des Amazonasbeckens heilt Krankheiten. Naturführer aus der Gegend erklären bei einem Rundgang Heilpflanzen und ihre Anwendung: die Wurzel des Wasaibaums stärkt die Nieren, Lapacho wird für Krebsbehandlungen genutzt, Stachelpfeffer ist ein natürliches Antiseptikum und die Rinde des Tawaribaums hilft gegen Infektionen. Berühmt-berüchtigt ist der halluzinogene Pflanzensud Ayahuasca, der von peruanischen Medizinmännern als bewusstseinserweiterndes Mittel zubereitet wird.

AUSTRALIS

Die chilenische Gesellschaft Australis bietet das ganze Jahr über Kreuzfahrten in Patagonien an und hat sich auf Strecken durch die Fjorde spezialisiert.

CELEBRITY CRUISES

Celebrity gehört zu den größten und bekanntesten Anbietern in der Region. Die luxuriösen Schiffe bieten Platz für bis zu 98 Personen und sind perfekt für Passagiere, die auf die üblichen Annehmlichkeiten einer Kreuzfahrt nicht verzichten möchten. Wie andere Anbieter derselben Kategorie verlangt Celebrity von seinen Naturführern an Bord mindestens sechs Jahre Erfahrung.

PUERTO-MASUSA-FÄHRE

Warum nicht mal eine öffentliche Fähre benutzen, so wie es die Bewohner der Amazonasgegend auch tun? Diese Schiffe bieten keine großen Annehmlichkeiten, die einzigartige Erfahrung macht das jedoch mehr als wett. Von Iquitos aus kann man 3 bis 7 Tage lange Fahrten mit der Fähre den Fluss rauf und runter unternehmen. Der Platz für eine Hängematte kostet nur knapp 90 Euro, oder man gönnt sich für weitere 20 Euro den „Luxus" einer Sardinenbüchsen-Kajüte.

Erlebe magische Momente

Tauche in den Gewässern rund um die Wolf- und die Darwin-Insel, die zum Galapagos-Archipel gehören. Beobachte auf einer Tauchsafari zu den versunkenen Vulkanen die weltweit größte Ansammlung von Haien.

—

Bestaune Patagoniens riesige Gletscher-Allee. Ob der Skua-Gletscher auf dem Patagonischen Eisschild oder Argentiniens Los-Glaciares-Nationalpark – diese Aussicht wirst du nicht so schnell vergessen!

—

Erfahre Wissenswertes über die Bemühungen um den Erhalt der bedrohten Galapagos-Riesenschildkröten. Entweder in der Charles-Darwin-Forschungsstation in Puerto Ayora auf der Insel Santa Cruz oder in der Arnaldo-Tupiza-Riesenschildkröten-Zuchtstation auf der Insel Isabela.

SO GEHT KREUZFAHRT!

FÜR WEN?

Südamerika-Kreuzfahrten führen zu atemberaubenden Gegenden in Patagonien, im Amazonasgebiet und auf den Galapagosinseln. Sie sind etwas für Naturliebhaber und Abenteuerlustige, die eine weite Bandbreite an Kulturen und Ökosystemen kennenlernen möchten.

Kreuzfahrten bieten Erlebnisse mit „echten" indigenen Stämmen an, deren Vertreter dann ihre Nike-Turnschuhe und Handys weglegen und sich so anziehen wie ihre Vorfahren in nicht allzu ferner Vergangenheit. Dabei macht ein Besuch auf eigene Faust bei einer der hier angesiedelten kleinen Gemeinschaften doch auch so Spaß.

Auf einer Patagonien- oder Kap-Hoorn-Kreuzfahrt, die an Punta Arenas vorbeikommt, unternimmst du einen Ausflug auf die Magdalena-Insel zu Chiles größter Kolonie von Magellan-Pinguinen. Fährst du per Schiff um die Galapagosinseln, siehst du Ecken des Nationalparks, die für einen Tagesausflug vom Land aus viel zu weit entfernt sind. Plane mindestens 8 Tage für die Umrundung des Archipels ein (denk dran, dass du von Quito oder Guayaquil herfliegen musst.)

Sowohl auf den Galapagosinseln als auch in Patagonien oder am Amazonas helfen dir sachkundige Naturexperten an Bord, diese wilden Gegenden zu erkunden.

Gegenüber: die Inkastadt Machu Picchu

Die schönsten Häfen

MANAUS

Manaus ist die größte Stadt am Amazonas – eine Hafenstadt ohne Meer. Du kannst stundenlang über die Märkte schlendern oder dir die Parks und Botanischen Gärten ansehen. Auch ein Besuch im Museu do Seringal Vila Paraíso lohnt sich. Es liegt etwas außerhalb von Manaus auf dem ehemaligen Anwesen eines Kautschukbarons und gibt interessante Einblicke in die Geschichte des Kautschukbooms. Mach im Anschluss ein Picknick am Praia da Lua, dem schönsten Strand von Manaus.

iQUiTOS

Das peruanische Iquitos ist viel weniger touristisch als Manaus – und tausendmal kleiner. Hier gibt es einen hübschen Spaziergang am Fluss, an dem man Kaiman-Steaks essen, das Ambiente genießen und einen Einblick in das Leben der Einheimischen bekommen kann.

Routen

3 TAGE

Die Navimag-Fähre hat zwar nicht den Komfort der Luxuskreuzfahrten auf derselben Strecke, der Preis macht sie aber zu einer erschwinglichen Alternative für Backpacker auf dem Weg von Puerto Montt nach Puerto Natales.

10 TAGE

Das Naturschutzgebiet Pacaya-Samiria liegt gut 150 Kilometer südwestlich von Iquitos. 10-tägige Routen bieten Ausflüge ans Ufer des Amazonas, des Marañón und des Ucayali, Fußmärsche in der Natur, Bootsausflüge auf kleinen Seitenarmen oder Nachtwanderungen an. Unterwegs hält man in Dörfern, um Kunsthandwerk zu kaufen, Einheimische zu treffen und leckere lokale Spezialitäten zu probieren.

NOTIZEN

NOTIZEN

NOTIZEN

INDEX

ÜBER DIE AUTOREN

MICHELLE BARAN

Michelle Baran ist leitende Redakteurin der Zeitschrift *Travel Weekly*, für die sie seit 2007 über die Reiseindustrie berichtet. Sie ist außerdem Mitautorin von *Frommer's EasyGuide to Rivercruising*. Vorher arbeitete sie als Moderedakteurin bei Condé Nast. Sie absolvierte ihr Master-Studium in Journalistik an der Northwestern University, Illinois.

RAY BARTLETT

Ray Barlett hat bereits zahlreiche Bücher für Lonely Planet verfasst. Sein Debütroman *Sunsets of Tulum* wurde für die *Midwest Book Review* im Bereich Belletristik ausgewählt. Sein neuer Roman *The Vasemaker's daughter* erscheint im Frühjahr 2019 in den USA. Zu seinen Hobbys zählen Surfen und Argentinischer Tango.

GREG BENCHWICK

Schon als kleiner Junge war Greg immer auf dem Wasser unterwegs. Seitdem hat er Dutzende Lonely-Planet-Reiseführer verfasst, Staatsoberhäupter und Grammy-Gewinner interviewt und einige der schönsten Gewässer der Welt besegelt.

ALEX LEVITON

Alex Leviton schreibt seit vielen Jahren für Lonely Planet (u. a. über Italien und die Karibik). Sie wurde auf einer Halbinsel groß, lebte vier Monate auf einem Schiff und bewegt sich, wann immer sie kann, auf dem Wasser fort – auf Schiffen, Segelbooten, Kajaks, kanadischen Kanus und türkischen Gulets.

EMILY MATCHAR

Emily Matchar lebt als Autorin vor allem in Hongkong und manchmal in Pittsboro, North Carolina. Sie schreibt für Zeitschriften und Zeitungen über Reisen, Kultur, Wissenschaft, Technik, Soziales und andere Themen und hat bereits Beiträge für mehrere Dutzend Lonely-Planet-Titel verfasst.

BRENDAN SAINSBURY

Seit 2005 reist, recherchiert und schreibt Brendan für Lonely Planet. Er hat als Mitautor drei Bücher über Alaska verfasst. An der Region schätzt er besonders die wilden Wanderungen, die Ruhe beim Rudern, die abgeschiedenen Dörfer und den rauen Pioniergeist.

SARAH STOCKING

Sarah Stocking ist bei Lonely Planet Redakteurin für Kalifornien und Mexiko. Bevor sie ihren Traumjob bekam, unterstützte sie Reisende bei der Planung ihrer Trips in die Polregionen. Unter all ihren Abenteuern ist das Tauchen mit Zwergwalen bis jetzt ihre schönste Erinnerung.

BRANDON PRESSER

Brandons eindrücklichste Schiffsreise führte ihn auf einem Frachter zu den Pitcairninseln. Er ist PADI-zertifizierter Tauchführer, der die Natur unter Wasser ebenso genießt wie die Kultur an Land. In seinem Apartment in New York sammelt sich eine Menge Staub an, während er für *Bloomberg, Travel + Leisure* oder seine amerikanische TV-Show *Tour Group* auf Reisen ist.

TIANA TEMPLEMAN

Dr. Tiana Templeman ist freiberufliche Reiseautorin, preisgekrönte Journalistin, Radiomoderatorin und Mediendozentin und lebt in Brisbane. Für australische und internationale Zeitungen, Zeitschriften und Webseiten schreibt sie über alles, was mit Reisen zu tun hat. Das Reisen zu Schiff ist eine ihrer liebsten Arten, die Welt zu entdecken.

iMPRESSUM

Titel der englischen Ausgabe
THE CRUISE HANDBOOK
Januar 2019
Herausgegeben von Lonely Planet Global Ltd
CRN 554153
www.lonelyplanet.com
ISBN 978 1788681032
© Lonely Planet 2019

Verlag der deutschen Ausgabe
MAIRDUMONT GmbH & Co. KG
Marco-Polo-Straße 1, 73760 Ostfildern
www.mairdumont.com, www.lonelyplanet.de
1. Auflage 2019
ISBN 978-3-8297-2683-2
Printed in Italy

Managing Director, Publishing Piers Pickard
Associate Publisher Robin Barton
Commissioning Editor Nora Rawn
Art Director Katharine Van Itallie
Print production Nigel Longuet
Cover illustration Niki Fisher

Projektbetreuung Jana Duran
Übersetzung Sonja Hagemann,
Stefanie Ochel, Ina Pfitzner
Produktion Torat GmbH, Zürich
Redaktion Patrick Schär
Abbildungen Fotos © wie angegeben

Autoren Michelle Baran, Ray Bartlett, Greg Benchwick, Alex Leviton, Emily Matchar, Brandon Presser, Brendan Sainsbury, Sarah Stocking, Dr. Tiana Templeman.

MIX
Papier aus verantwor-
tungsvollen Quellen
FSC
www.fsc.org
FSC® C015829

Das Papier in diesem Buch wurde nach den Forest Stewardship Council®-Richtlinien zertifiziert. FSC® fördert die umweltfreundliche, sozialverträgliche und wirtschaftlich tragfähige Bewirtschaftung des weltweiten Waldbestands.